AF290678

Livsviktigt.

En textsamling om min resa genom psykisk ohälsa.

Linda Hou

Förlag: BoD – Books on Demand, Stockholm, Sverige
Tryck: BoD – Books on Demand, Norderstedt, Tyskland
ISBN: 978-91-7463-706-9

Förord.

Psykisk ohälsa, det är något som jag aldrig trodde att jag skulle uppleva i mitt liv. Innan jag insjuknade så var det helt okänt för mig, avlägset. Jag hade hört talas om det, men jag förstod det aldrig helt och hållet. Ord som ångest och deppig används numera slentrianmässigt utan att man kanske reflekterar över ordens egentliga innebörd. Jag gjorde samma sak, innan jag själv blev sjuk. Man missade en buss på morgonen och genast hade man 'världens ångest', eller man kanske var ledsen över en relation som krisade och då var man plötsligt deprimerad. Jag vet att jag brukade ha väldigt mycket fördomar när det kom till självskadebeteende och ätstörningar. Liksom, ryck upp er. Sluta larva er, bara börja ät, eller sluta skada er.

När jag själv insjuknade började jag förstå mer och mer vilket lidande det innebär. Jag har under tiden som sjuk stött på folk som varit helt oförstående, precis som jag också en gång brukade vara. Folk som inte förstår vad psykisk ohälsa verkligen är, folk som inte förstår allvaret i det hela och viktigast av allt, folk som inte förstår att det är en sjukdom precis som vilken annan sjukdom som helst. Det känns som ett slag i magen, varje gång man får höra orden "ryck upp dig".

Den här textsamlingen skrevs under perioden 2018-2019, och det mesta är i form av dagboksanteckningar. Jag har alltid gillat att skriva för att bearbeta tankar och känslor, det hjälper mig att förstå mig själv bättre och det har också fungerat som ett sätt att ventilera tankar när det gör som ondast och jag inte vill prata med någon alls. Just att prata om mitt mående har alltid varit svårt för mig, och jag har under stora delar av mitt liv stängt inne mycket av det jag har känt och upplevt. När jag var arton år öppnade jag upp ett privat konto på instagram där jag kunde skriva helt fritt och prata med främlingar på nätet utan att vara rädd för att bli dömd på något sätt. Där kunde jag vara hundra procent ärlig. Några år senare bestämde jag mig för att dela bitar av min resa även på mitt vanliga instagramkonto där mina vänner och familj kunde ta del av det jag skrivit. Därifrån kom idén till den här textsamlingen. För jag tänker inte längre skämmas.

Jag hoppas att jag, med hjälp av den här boken, ska kunna hjälpa till att öppna upp till mer samtal om psykisk ohälsa. Det ska inte behöva vara något konstigt, skämmigt eller något avlägset som väcker obehag hos folk. Och folk ska inte behöva lida i det tysta.

Linda Elizabeth Hou
2019

Myter och fördomar.

"Att prata om självmord kommer att ge dem idéer."
Att våga prata om det kommer att få folk att känna sig mindre ensamma, och genom att fråga någon om personen är självmordsbenägen kan man hjälpa dem att prata om det istället för att behöva hålla allt det inom sig själv. Det är en tung hemlighet att bära på.

"Det är bara ett sätt att söka uppmärksamhet."
Den här myten är något som gör ont i mig att behöva höra. Att skada sig själv eller att uttrycka att man mår dåligt är inte ett manipulativt beteende. Ofta vill folk som skadar sig försöka dölja det, just för att man inte vill att omgivningen ska få reda på det. I vissa fall kan det vara så att man skadar sig som ett rop på hjälp, men då är det viktigt att istället fråga sig varför den här personen känner det behovet. Det handlar om att försöka stå ut med obehagliga känslor snarare än ett försök att få uppmärksamhet för uppmärksamhetens skull.

"Psykisk ohälsa är ett tecken på svaghet."
Det är en vanlig uppfattning att man själv kan styra över sitt mående. Vi säger ofta åt folk att tänka positivt, att det handlar om vilken attityd man har. Men psykisk ohälsa är alltså inget man kan styra över, utan det kan drabba vem som helst när som helst. Ofta finns där en nedärvd sårbarhet för att en person ska utveckla psykisk ohälsa i olika former. Depression är idag en av de största folksjukdomarna, så att det skulle vara ett tecken på svaghet är bara helt orimligt. Det går inte att bara välja

att ta sig ur det helt plötsligt, för man väljer inte att må
dåligt från första början, utan det krävs hjälp och hårt
arbete för att kunna läka.

"En psykiskt sjuk person är mindre begåvad."
Många gånger har jag fått höra att jag inte kan må
dåligt, för jag är ju så smart. Jag har alltid haft höga
betyg och jag har ofta bra självinsikt. Psykisk ohälsa
drabbar folk i alla olika åldrar, alla etniciteter, fattiga
såväl som rika. Det finns en hel rad framstående män
och kvinnor som har bekräftats lida av någon form av
psykisk sjukdom, och inte minst inom kulturvärlden.
Alltså finns ingen som helst korrelation mellan psykisk
ohälsa och intelligensnivå.

*"Ätstörningar innebär att en person svälter och är gravt
underviktig."*
Ofta tror man att det bara finns en typ av ätstörning,
och att det är anorexia. För att vara sjuk i en
ätstörningen behöver man alltså vara extremt
underviktig. Detta är långt ifrån sanningen. I
verkligheten är det cirka 30-40% som har diagnosen
anorexia nervosa, och kollar man till hela Sveriges
befolkning ligger siffran på 1-2%. Dessutom har man
tagit bort underviktskriteriet för anorexia i diagnostiska
systemet. Ätstörningar är inte en fysisk sjukdom, utan
det är helt och hållet en psykisk sjukdom men som ger
allvarliga fysiska komplikationer. Vikten däremot visar
inte hur allvarlig en ätstörning är.

"Psykisk sjuka personer är aggressiva och farliga."
I medierna när man läser om psykiskt sjuka är det ofta folk som då har begått brott. Detta gör att vi får uppfattningen att alla som lider av en psykisk sjukdom är aggressiva. Det här stämmer inte. Men det skrivs sällan om psykiskt sjuka personer som inte begår brott vilket ökar stigmatiseringen av psykisk ohälsa. Därför är det så viktigt att vi vågar prata om psykisk ohälsa mer öppet, avdramatiserat och utan att döma.

"Man kan se på någon om den är psykiskt sjuk."
Det är just det här som är det svåra med psykisk ohälsa, att det inte är lika lätt att se som med många somatiska sjukdomar. Man kan inte se på utsidan om någon är sjuk eller inte, utan mycket sitter just i huvudet. Många som är sjuka blir dessutom bra på att dölja sina känslor för omvärlden vilket gör det ännu svårare att upptäcka. Det finns inget typiskt sätt att se ut på när man är drabbad av en psykisk sjukdom, utan alla är olika och allas sjukdomar ter sig på olika sätt. Det är alltså helt fel att säga att man kan se på någon att den personen är deprimerad.

Ord jag har fått höra från professionella, inom vården:

"du ser inte ut att må dåligt, du sitter ju där helt lugn och sansad."

"det syns inte att du har haft en ätstörning."

"du ser inte tjock ut, så varför äter du inte?"

"du är ju en sån vacker ung tjej, inte behöver väl du må dåligt?"

"du verkar ha en sån fin familj, andra personer har inte haft samma tur som du i livet. vad har du att må dåligt över?"

"ditt självskadebeteende är inte ens så allvarligt."

"alla ungdomar skadar sig väl nuförtiden."

"om du ville dö på riktigt hade du gjort det för länge sen, även om du är instängd på en slutenvårdsavdelning finns det alltid sätt att ta livet av dig på."

"du vill bara ha uppmärksamhet."

Innehåll.

Del 1 *Barndomen*

Del 2 *Ätstörningen*

Del 3 *Övergången*

Del 4 *Depressionen*

Del 5 *Borderline*

Del 6 *Dagboksanteckningar*

ska bli expert
på mig själv
jag förstår nu!
och så blir allt bra

nej det fungerar inte
så
fungerar
inte
så

Del 1

Barndomen

Jag som barn.

Den blyga. Det är en stämpel som jag har fått bära med mig hela livet. *"Hon är tyst, hon ser trevlig ut men säger inte så mycket."* Jag har aldrig varit någon som väckt uppmärksamhet. Det var inget speciellt med mig. Snarare var jag den som alltid smälte in, hon som försvann in i bakgrunden, en skugga. I skolan hände det att vi fick övningar i att ge varandra komplimanger, vi skulle gå runt i klassen och skriva något om varje person. På min lapp stod det alltid samma sak. "Snäll, men blyg". "En snäll tjej". Snäll, det är något man bara skriver när man inte kommer på någon annan komplimang. Jag hatade när vi skulle göra de här övningarna. Varje gång det handlade om att uppmärksamma någon eller att ge varandra fina kommentarer så skämdes jag så mycket. Jag tyckte synd om alla andra som behövde hitta på något om mig. Jag var ju ingen.

Hela min uppväxt kämpade jag med att försöka hitta en plats där jag kunde passa in. Det var inte alltid lätt att växa upp i en utländsk familj. Jag identifierade mig som svensk men hemma uppfostrades jag enligt kinesisk kultur. Det uppstod hela tiden missförstånd mellan mig och mina föräldrar. Jag blev frustrerad över att de aldrig tycktes förstå mig, och de var frustrerade över att jag inte levde upp till deras förväntningar av hur en dotter ska vara. Så jag påmindes dagligen om att jag var av ett annat ursprung. Jag kände mig aldrig riktigt hemma någonstans, inte i Kina och inte i Sverige. Jag minns en tanke jag brukade få när någon passerade på gatorna. "Undrar om hen tänkte att jag är kines".

Kulturskillnaden inom familjen orsakade en hel del missförstånd, och inte bara på grund av språket. I Kina är det helt naturligt att man slänger ut en kommentar om ens utseende och vikt. "Hej, nämen du har blivit tjockare!". Det är vardag för dem. Med släkten bosatt i Kina åkte vi ofta dit och hälsade på. Jag minns kommentarer jag har fått, både bakom min rygg men också kommentarer som sagts direkt till mig. Mormor brukade klämma på mina lår och skratta till lite. Elefantben brukade hon kalla dem. Jag har hört folk, främlingar på gatorna, fråga mina föräldrar "men jösses, vad matar ni er dotter med egentligen?". Det var en del av deras kultur. Allt som folk sa var med glimten i ögat, men jag skämdes. Jag kunde inte låta bli att känna mig utstirrad, utskrattad. Jag var den tjocka i familjen. Jag var den tjocka i gruppen. Det blev min identitet. Den tjocka kompisen.

Hur vi kommunicerade med varandra inom familjen hade också brister på flera plan. I min familj pratades det aldrig om känslor. Det fanns inte riktigt i vår värld. Känslor var mer som ett störningsmoment. De gånger när mamma grät minns jag att hon gick upp på sitt rum och stängde dörren om sig, och efteråt kom hon ut och låtsades som ingenting. Jag grät mycket när jag var liten, för ofta och för högt. Det här kommer jag inte ihåg själv, men jag har fått det berättat för mig flera gånger i vuxen ålder. En favorithistoria som mamma brukar berätta är hur jag var omöjlig att handskas med på dagis för att jag grät så mycket. En gång försökte de få en kompis där att trösta mig, tänkte att hon kunde lugna mig, men jag grät så mycket att hon blev så rädd att hon började kräkas. "Linda, du fick henne att kräkas! Ha ha ha".

Jag blev äldre och började förstå mer. Ett barn lär sig genom att iaktta sin omgivning. Jag lärde mig att när man ville gråta så skulle det döljas, känslor var inte något som skulle medvetandegöras. Istället handlade samtalen vi hade kring middagsbordet om prestationer. Vad hade jag fått för betyg på det senaste provet, vad hade lärarna sagt om mig och hade jag lyckats skaffa någon kompis att umgås med. Jag kände en press att jag skulle vara bäst på alla områden, då och endast då kunde jag göra mamma och pappa stolta. Ändå kände jag att det jag gjorde aldrig var tillräckligt. Jag fick höga betyg, och jag blev ofta uppmärksammad av lärare för mina prestationer, men hela tiden fanns det något som kunde bli bättre. *Någon* som var bättre. Och handlade det inte om skolan så var det fritidsaktiviteter, det sociala eller hur man förväntas vara inom familjen. Alltid var det nånting. Jag ville bara vara den perfekta dottern.

Genom att jag presterade så fick jag uppmärksamhet. Mina föräldrar berömde mig och jag minns att vid vissa tillfällen kunde jag till och med få en kram av pappa, och det betydde allt. Jag gjorde det sällan för min egen skull, jag gjorde allt för att få känna mig älskad av mamma och pappa. *Jag älskar dig* är något som i princip aldrig sägs i vår familj. Att kramas och mysa tillsammans hör inte heller till vanligheterna. Jag började se hur mina klasskamraters familjer var, och jag förstod inte varför det inte var så i vår familj. Jag saknade den där närheten, tryggheten. Varför älskade inte mamma och pappa mig? För det var så jag resonerade. Vad gjorde jag för fel?

2005.

Jag minns att jag som nioåring var rädd för tiden. Inte tiden i sig, men att tiden gick och att jag aldrig riktigt hann med. Jag har alltid varit överviktig, ända sedan spädbarnsålder. En rolig fakta om mig som min mamma brukar berätta för sina vänner är att jag som ettåring redan vägde sjutton kilogram. Kan ni tänka er att bära runt på sjutton kilogram? Under lågstadiet fick min övervikt ännu större fokus när jag kallades in till skolsköterskan på grund av den. Jag fick med mig en måltidsplan som jag skulle följa, mina föräldrar skulle hålla ett extra öga på mig så att jag inte kunde äta i smyg, och jag sattes på ett träningsschema. En eller två gånger i veckan sågs vi i en grupp med överviktiga barn tillsammans med föräldrar och gjorde övningar vars syfte var att förbränna kalorier. Vi kallade det för tjockisgympa. Målet? Att bli av med övervikten. Jag minns att jag skämdes när mina skolkamrater frågade mig vad jag skulle göra efter skolan, att jag var så tjock att jag behövde gå en speciellt utformad träning tillsammans med andra tjockisar för att bota vår tjockhet. För att vi skulle bli "normala".

Min mamma läste en gång en artikel som handlade om fetma hos barn och vuxna. Hon menade att om ett barn har varit överviktigt och inte lyckats bli av med övervikten innan tio års ålder, då kommer hon troligtvis att vara överviktig för resten av livet. Jag tror inte det var menat så, men jag tolkade det som att om jag inte skulle hinna gå ner i vikt inom ett år så var jag körd for alltid. Jag var nio år, och jag hade ett år på mig att gå ner i vikt.

2007.

Det var sommaren mellan femman och sexan. Jag skulle byta från en skola till en annan, och jag var livrädd. Att behöva träffa nya människor skrämde mig. Varje gång jag tvingades in i ett nytt sammanhang undrade jag om jag den här gången skulle lyckas träffa någon vän, eller om jag skulle få kämpa varje dag med att försöka dölja min ensamhet. Jag har aldrig varit bra på att skapa vänskapsrelationer. Åtminstone inte de där jag kan känna mig trygg, där jag vet att jag är accepterad för den jag är och att andra inte umgås med mig enbart för de tycker synd om mig.

Den här gången skulle det kanske bli annorlunda, nu hade jag ju gått ner i vikt. Jag var smal. När jag var tio år började jag dra ner på maten, jag minskade på portionerna. Samtidigt som jag växte på längden så visade vågen mindre och mindre. Jag minns att jag fick många komplimanger, framförallt av mina föräldrar. De var stolta över mig, och det gjorde mig överlycklig. Jag minns att jag åt mindre och mindre, istället för två mackor till frukost blev det en, sen en halv som jag inte ens "orkade äta upp". Jag var elva år, jag hade äntligen blivit smal, men jag tvivlar på att jag var lycklig. Andra i omgivningen sa att jag hade blivit så fin, jag blev hela tiden frågad om tips på hur man kan gå ner i vikt, hur man kan ignorera hungern. Jag var hungrig, men jag låtsades inte om det. Jag vägde mig ett tiotal gånger om dagen. Jag var besatt.

Då var det ingen som tänkte att det kunde utvecklas till att bli ett problem. Alla tyckte att jag var duktig. "Du är så duktig för att du har gått ner i vikt."

2012.

Jag inser att jag har problem med anknytning. Sextonåriga Linda är rädd och osäker, hon känner sig osynlig. Storasystern har sedan flera år tillbaka flyttat hemifrån som den självständiga och starka person hon är, pappan har under flera år varit bosatt i Kina i perioder. Hemma var det bara mamman, som hade gett allt för sina barn.

Jag sökte tryggheten någon annanstans, någonstans utanför hemmet. Det fanns en person som jag tydde mig till. Han var min lärare, och han blev den första personen som jag fäste mig vid alldeles för mycket. Då visste jag inte vad det var, varför jag hela tiden längtade efter att ha lektionstid med honom. Jag tänkte på honom även utanför skolan. Jag såg framför mig hur vi umgicks på fritiden, vi skulle gå på konserter tillsammans, gå på långa promenader i skogen. Han skulle ta hand om mig och beskydda mig. Och jag var så lycklig med honom. Jag trodde vid den tidpunkten att jag hade blivit galen, att jag var en psykopat som hade blivit förälskad i en man som var i samma ålder som hennes pappa. Men jag såg honom aldrig som någon jag ville ha ett kärleksförhållande med, jag såg honom som en fadersfigur.

Jag brukade kunna känna att det var något som saknades i mig. Varje gång jag var ute och passerade en, utifrån sett, lycklig familj gjorde det ont i mitt hjärta. Jag avundades barnet som hade en pappa vid sin sida som alltid kunde beskydda henne. Det var saknaden efter pappa som befann sig på andra sidan jordklotet. Han hade valt jobbet framför mig. Min lärare däremot, han fanns där för mig och han tog hand om mig. I min värld blev han mer som en extrapappa för mig än en lärare. Men jag visste hela tiden att det inte kunde vara för alltid, jag gick mitt andra år på gymnasiet och jag hade bara ett år kvar med honom.

Det här året var första gången i mitt liv då jag fick uppleva ångest. Jag började känna mig stressad konstant, som att tiden inte räckte till. Tiden var min fiende. Mitt liv kändes som ett löpband som åkte åt fel håll, och jag behövde springa allt vad jag hade för att ens hålla mig i samma takt som omvärlden.

Jag förändrades. Den glada Linda försvann, och hon ersattes av ett tomt skal. Jag blev tyst, jag undvek att umgås med mina vänner och jag försvann in i min egna lilla värld. Utåt sett tror jag inte att det märktes lika tydligt, men jag kände mig totalt förändrad. Jag minns att jag brukade sitta vid datorn varje kväll, jag var inne på Tumblr och läste om sånt som gör ont att tänka på. Brustna hjärtan, ensamhet, sorg. Jag blev vän med sorgen.

Ibland undrar om det är mitt fel att jag drabbades av psykisk ohälsa. Tanken skrämmer mig. Man brukar prata om att psykisk ohälsa aldrig är något man väljer, utan det är som vilken annan sjukdom som helst och den kan drabba exakt alla. Men jag tänker på all den tid jag spenderade med att söka efter texter att gråta till, all den tid jag tillät mig själv att försvinna in i sorgen. Var det ett aktivt val från min sida, eller är jag bara en av alla som olyckligtvis blivit drabbade? Oavsett vilket så inledde det min kamp mot psykisk ohälsa som skulle komma att vara i flera år. En kamp som varar än idag.

Del 2
Ätstörningen

Kina, 2016.

Jag sitter vid middagsbordet och håller i ett salladsblad med båda händerna. Ser på det som om det vore ett monster jag höll framför mig. Jag tuggar sakta medan jag försöker vara någorlunda delaktig i samtalet som äger rum, mest av ren artighet. Vi är hemma hos mormor i Kina, året är 2016 och jag har precis berättat för mina föräldrar om mina ätsvårigheter som präglat hela min tonårsperiod. Bredvid sitter mamma och övervakar mig, ser till att jag får i mig åtminstone några salladsblad som morbror handlat enbart för min skull, och om hon har tur kan hon också lyckas tvinga i mig några sojabönor som hon så varsamt skalar åt mig. Jag som alltid har älskat mat kan helt plötsligt knappt ens tvinga i mig något alls som innehåller för mycket fett eller proteiner eller kolhydrater eller kalorier för den delen. Så fort mamma tittar bort gömmer jag sojabönorna i min ficka som jag senare går ut och spolar ner i toaletten.

"Bra Linda, du äter iallafall något", utbrister morbror medan han häller i sig mer sprit.
"Mm...", blir mitt osäkra svar medan ångesten stiger för varje salladsblad jag måste tvinga i mig. Det gör mig obekväm, att känna mig bevakad av alla runt middagsbordet. Förra gången vi var och hälsade på vägde jag cirka tjugo kilogram mer än vad jag gjorde nu, och ändå kände jag mig glupskare än en flodhäst som satt och åt. Samtalet runt bordet fortsätter medan jag försiktigt smyger ut till toaletten med jämna mellanrum och spolar ner maten de inte ser att jag har gömt i mina

byxfickor. Jag bär numera alltid byxor, pösiga sådana, med fickor för att kunna gömma mat. På överkroppen har jag två lager tröjor trots termometern som visar trettio plusgrader.

Varje sommar brukar vår familj resa till Kina för att besöka släkten. Två veckor hos pappas sida och två veckor hos mammas sida. Det här året var det tveksamt om jag ens kunde följa med, men jag övertalar mina föräldrar att det inte är någon fara. Ja, jag lovar att äta. Ja, jag lovar att inte gå ner i vikt. Löften som visar sig att jag inte alls skulle hålla.

Månaderna innan hade jag i mitt eget boende frenetiskt räknat varje kalori jag stoppat i mig, sedan ställt mig på vågen minst sex gånger om dagen om inte mer och promenerat varje ledig stund jag hade. Jag vägde maten på min matvåg och tog bort tills det visade exakt på grammet, kalkylerade i min app som jag hade laddat ner på mobilen exakt kalorimängd och skrivit ner det i min dagbok.

Den sommaren, 2016, kunde jag inte längre dölja anoreximonstret för min omgivning längre. Alla märkte att jag inte åt, att jag inte längre hade någon aptit. Den Linda, som alltid varit det överviktiga lilla barnet som alla i släkten kunde skämta och skratta åt, hon fanns inte längre kvar. Istället för att vara en traditionell släktförening blev det en ständig kamp mellan mig och mina föräldrar. De insisterade på att väga mig varje dag så att jag inte hade gått ner ännu mer i vikt. Jag minns en dag då jag ställde mig på vågen och hade gått upp tvåhundra gram sen dagen innan, och jag blev helt förkrossad. Tårarna brände bakom ögonlocken och jag gick ut för att få luft. Min syster kom ut och tröstade mig, sa att det var bra att jag hade gått upp de där tvåhundra grammen, för annars var vi tvungna att avbryta semestern och åka hem igen, till Sverige. Jag höll mig precis på viktgränsen mamma hade satt upp för att jag skulle få stanna kvar. Egentligen ville jag hem, hem till min egna lägenhet och återfå kontrollen över maten utan att ha någon som ständigt vakade över mig, men jag hade sådana skuldkänslor över vad jag gjorde mot min familj. Jag förstörde deras semester, och inte minst, jag var en börda för alla.

När min vikt fortsatte gå neråt försökte mamma tvinga mig att åka hem tillsammans med henne, det kunde inte fortsätta såhär. Jag övertalade henne att om vi ringer en ätstörningsklinik och ber om hjälp när vi har kommit hem till Sverige igen, då kan jag väl ändå få stanna kvar de fyra veckorna som var planerade. Jag ville inte oroa min släkt, för de är ätstörningar något helt obegripligt och att behöva förklara för dem varför jag inte mådde bra hade varit en mardröm för mig. Så min syster började ringa, tog kontakt med alla ätstörningsenheter som fanns att erbjuda i Stockholm i ett desperat försök att hjälpa mig. Stockholms centrum för ätstörningar, Mandometerkliniken och Capio ätstörningsenhet. Alla hade flera månaders väntetider, men till slut fick jag en plats på SCÄ.

Japan, 2016.

Nu när vi var försäkrade om att jag skulle få vidare hjälp i Sverige fortsatte vi Kinaresan med att flyga över till Japan. Under tre dagars tid var vi i ett helt främmande land, bara jag och mamma samt syster och hennes man. Jag minns att vi åkte till Osaka och besökte Universal Studios, mamma och jag. Det var fullt av glada familjer som stod i långa köer för att få ta ett fotografi med någon känd sagofigur eller åka på den där berg- och dalbanan med hippogrifferna från Harry Potter. Jag försökte hålla uppe en fasad, jag ville ju åka till Japan, det var för min skull som vi var där, jag måste orka fortsätta vara glad. Men jag minns att det var svårt. Värmen, vätskebristen och näringsbristen gjorde sig påmind. Jag orkade knappt lyfta på benen och var inte intresserad av något annat än att med avund i blicken se på alla som var i restaurangerna och åt alla möjliga sorters rätter, gå förbi doften av sockervadd vid något stånd och se barn lyckligt dricka stora glas med slushies. Själv kunde jag inte tillåta mig själv att njuta av något av det där. Ingenting alls fick jag stoppa i mig, så länge jag inte blev tvingad av mamma. Så jag fortsatte gå, runt runt runt, mest för att fördröja tiden och för att verka intresserad av ren artighet.

Vi hann också ta en tur förbi Tokyo, teknologins huvudstad. Tillsammans med min syster och mamma utforskade vi de högteknologiska toaletterna, de stora lysrörsbelysta gatorna och de olika kvarteren som alla hade något unikt. Medan de åt ramen från närmsta bästa restaurang för att sen kunna fortsätta utforskandet gick jag in till närmsta 7-eleven och köpte en bit sushi och en salladsskål som jag sedan tog med mig och åt med dem på restaurangen. Varje matbit skapade en sån stark ångest.

Välkommen till psykiatrivärlden.

Väl hemma från Kinaresan påbörjar den riktiga resan. Vad som kom att bli min introduktion till psykiatrivärlden. Jag får en tid till SCÄ i början av september. Det är mitten på juli och under tiden går jag till psykiatrin i min hemstad. Dit går jag under drygt en månads tid och tar en vikt samt vitalparametrar såsom blodtryck och puls en gång i veckan. Varje vecka pekar min vikt neråt, och varje vecka får jag höra av sjuksköterskan som är min kontakt där att jag måste vända på vikttrenden. Jag nickar och går därifrån, med vetskapen att jag kommer åka hem bara för att minska ännu lite till på maten, öka ännu lite mer på träningen.

Under den här tiden tillåter mamma mig att cykla till och från mottagningsbesöket, en cykeltur som tar tjugo minuter dit och tjugo minuter tillbaka. Jag ser det bara som extraträning. Innan vägningen vågar jag aldrig äta, utan tar med mig en matsäck med min wrap som jag numera åt varje dag till lunch. Ett medium tortillabröd med hemmagjord hummus, spenat, rödbetor och ännu mer spenat. Sen rullas den ihop och delas på två. Efter mottagningsbesöket brukade jag sätta mig i den stora parken precis bredvid resecentrum, jag tar upp min wrap ur väskan som jag bär med mig och äter den i försiktiga tuggor. En tugga, jag tittar på resenärer som far hit och dit. En till tugga, jag lyssnar på fåglarna som kvittrar. Ännu en tugga. Och så fortsätter det. Jag kunde sitta i en halvtimme med min snåla lilla matsäck och tugga och tugga. När jag hade ätit upp allting satte jag mig på cykeln igen och brände troligtvis bort alla kalorier som den lilla lunchen måste ha innehållit.

Under den här tiden har jag tappat kontakten med omvärlden helt och hållet. Mina dagar går åt till att noggrant förbereda mat, beräkna varenda liten kalori som rör mina läppar och tränar bort så mycket jag orkar. Min sjuksköterska ger mig träningsförbud, men jag lyckas varje dag ändå manipulera mina föräldrar till att låta mig gå ut på en långpromenad. Även fast kroppen får i sig långt ifrån den energimängd som krävs för att ens överleva en dag har jag energi till att ständigt röra på mig. Det är som att den på något magiskt vis får energi utifrån, eller så drivs jag av svälten. Den psykiska kraft jag får av svälten gör mig oövervinnerlig. Jag lider inte av att svälta mig själv dag in och dag ut, jag njuter av det. Hungern känner jag inte av längre, inte på samma sätt som tidigare, och det är inte svårt för mig att leva på mina så kallade rutinmässiga måltider. Varje dag äter jag samma sak, varje dag gör jag på samma sätt. Allt är kontrollerat in i sista detaljen, och det skapar en trygghet för mig. En trygghet i att jag kan kontrollera något som man inte ska kunna göra. Jag kan kontrollera och manipulera min kropp, forma den till något den inte borde vara. Ett barns kropp.

Livets kontraster.

Efter två månader av veckovisa besök till SCÄ bestämmer de att insatserna för min vård inte räcker till och jag blir remitterad vidare till dagvården, Iris. Den första november tackar jag ja till platsen, och jag minns den dagen så tydligt. Jag och en av mina bästa vänner hade köpt biljetter till en konsert med Regina Spektor som skulle spela på Cirkus. En artist vi båda hade lyssnat på väldigt mycket tidigare under våra liv. Och nu var hos i Sverige. Klart vi var tvungna att gå dit. Så vi går dit tillsammans och börjar kvällen med att äta mat på en finrestaurang innan konserten börjar. Jag minns inte resten i detalj, men det var en fin konsert och jag var glad som fick gå på den med min vän. Efteråt, på tåget hem får jag ett telefonsamtal från okänt nummer. Jag svarar och det är behandlaren från dagvårdsenheten Iris på SCÄ i andra änden. "Du kan börja redan nu i nästa vecka eller om två veckor." Jag väljer tiden om två veckor. Så på tåget hem från en av mina livs första live-konserter där jag känt mig mer levande än nånsin tackar jag ja till en behandlingsplats på dagvårdsenheten för att bli bukt med min anorexia. Livets kontraster.

Inte längre Linda.

2016 var det värsta året. Kanske inte för mig, men för min omgivning. Jag har länge haft ett stört förhållande till mat och kropp, men det här året får jag det svart på vitt vad det är för fel på mig. Anorexia nervosa. Och jag minns att jag tänker att värre än såhär kan det inte bli.

Jag var helt slut på energi. Till en början försökte jag fortfarande le, men leendet nådde aldrig mina ögon. Det var som en grimas som krävde för stor ansträngning. Nu i efterhand har jag sett flera bilder från den tiden, och det är obehagligt att se mig själv. Man kan verkligen se tomheten i mina ögon, att jag inte längre var där. Jag orkade knappt prata, och när folk frågade kom mitt svar i en matt utandning. Jag försökte väl fortfarande vara den där "duktiga flickan" men när det kom till maten blev jag ett monster. Varje dag kändes som ett maraton. Jag minns att jag låg på trägolvet i mina föräldrars hus och stirrade på klockan. Jag räknade ner minutrar. För snart var den här dagen också slut. Jag ville skrika och skrika, jag orkar inte, men det var något som höll mig vid liv. Vetskapen att jag fortfarande gick ner i vikt. Jag vägde två tredjedelar av min normala kroppsvikt. Det spelade ingen roll att läkaren sa att min kropp kunde ge upp när som helst, det spelade ingen roll att mina föräldrar bönade och bad. Jag orkade inte vara någons dotter, jag orkade inte vara någons vän, men att gå milslånga promenader, det orkade jag minsann. Oavsett om regnet öste ner eller solen stekte på. Det var som att jag hade ett extra förråd med energi när det kom till att

förbränna kalorier. Plus minus noll. Om det var en bra
dag låg jag på minus.

Saken är den att sjukdomen tar över dig på det
märkligaste viset. Visst, jag led, men inte lika mycket
som min omgivning. För mitt i allt det där hade jag
stängt av. Jag var inte längre Linda, jag var anorexia.

Dagvården.

Första dagen på dagvården är jag nervös så jag inte vet
vart jag ska ta vägen. Jag tar trapporna upp till fjärde
våningen och möts av en låst dörr. Det är en kvart innan
dagen börjar enligt schemat som jag har fått i handen
några dagar tidigare. Jag ser mig omkring för att hitta
någon att fråga, om jag verkligen hade kommit rätt. Två
kvinnor står och pratar lågmält några steg bort. De
verkar känna varandra rätt väl. Jag tar några försiktiga
kliv fram, men sen sjunker modet och jag backar
tillbaka. Där står jag och går runt i små cirklar medan
jag väntar på att någon ska presentera sig. Inte många
minuter efter öppnas dörren av en behandlare som
hälsar alla välkomna efter helgen. Jag förstår att alla inte
är nya, som jag. De har redan hunnit gå i dagvården
några veckor och har redan lärt känna varandra. Jag
kommer vara den som är utanför, den som ingen vill
komma nära.

Folk går direkt och börjar lämna ifrån sig sina kläder
och mappar, vissa går till köket och förbereder
förmiddagsmålet som ska ätas klockan 9:30. Klockan 10
är det sen morgonmöte och därefter är det fritt fram att
göra som man vill, fram till lunchen som skulle serveras
kl 12. På morgonmötet blir jag tilldelad en lunchkupong
som vi ska använda för att hämta vår mat. Fyra olika
restauranger gäller våra kuponger på. Klockan 11:30,
när lunchen ska hämtas, går min behandlare med mig
till restaurangen som jag hade valt och berattar för de i
kassan vad jag vill ha. Två skopor ris, fyra friterade
falaflar, hummusröra och så grönsaker till det. Jag tar

med matlådan och går med försiktiga steg tillbaka till avdelningen. Klockan 12 ska maten börja ätas, så en kvart innan står vi i köket och lägger över vår mat från matlådorna till tallrikar.

Maten jag har med mig bildar som ett berg av ris med tillhörande fyra stora falaflar friterade i olja, det är knappt så att det ens får plats på tallriken. Jag tittar runt på de andras tallrikar och ser direkt att min mat innehåller mer kalorier än vad deras gör. Fan vad orättvist. Men som den duktiga flickan jag är säger jag ingenting utan går tyst till min plats vid matbordet och börjar äta.

Vi har 30 minuter på oss att äta upp en portion, annars ska det ersättas med näringsdryck. Två näringsdrycker för en hel portion och en näringsdryck för en halv. På den tiden förstod jag inte hur det hela gick till, så jag åt lydigt av min mat från tallriken och försökte proppa i mig så mycket jag kunde trots att jag var mätt för länge sen och vetskapen om fettet i maten fick mig att vilja gråta. När 30 minuter har gått stoppar den behandlare vars roll är att vaka över oss medan vi äter och de som ätit upp får lämna bordet medan hon går fram till resterande personer som är kvar. Jag hade nästan ätit upp allting på min tallrik, allt jag hade lämnat var några utspridda riskorn och sås utsmetad mot tallriken.

Behandlaren godkände min tallrik och skickade iväg mig. I ögonvrån kunde jag se andra personers tallrikar, hur fulla av mat de fortfarande var och jag insåg vad allt handlade om. Man behövde inte alls äta upp allting, och det var första gången jag kände så starkt den känslan att jag är inte sjuk nog.

Nya sjuka beteenden.

Varje dag på dagvården lärde jag mig hur man minskade maten. Förmiddagsmålet serverades sällan med en personal i närheten och samma sak med eftermiddagsmålet. Det var upp till oss själva att förbereda allt såsom det stod i våra individuella matscheman. Jag hade en skiva mjukt bröd med smör och ost till förmiddagsmål och en skål med yoghurt med flingor och en halv banan till eftermiddagen. När vikten inte gick enligt behandlingens viktmål sattes även två dagliga näringsdrycker in i mitt matschema. En till eftermiddagsmålet och en till kvällsmålet som vi åt hemma. Jag lärde mig från de andra hur man kunde minska på kalorierna genom att välja mer kalorisnåla alternativ. Istället för müsli började jag ta branflakes, istället för en halv banan kunde jag ibland luras med ett äpple som jag skar bort så mycket som möjligt av att det troligtvis inte blev mer än ett halvt äpple kvar i skålen. Och på det här sättet fungerade min behandling i dagvården.

Jag gick totalt i dagvården under en period på nio månader varav tre var intensiva behandlingsmånader och sex månader fungerade som en boosterperiod för att kunna använda sig utav det man har lärt sig. Under boosterperioden är man inte längre på avdelningen fem av fem vardagar, utan det var max tre vardagar och kunde sen minskas i takt med att man blev bättre till en gång i veckan. Jag fick mina dagar boosterdagar förlängda tills jag en dag sa stopp, jag vill inte mer, och då bokade vi in samtal en gång i veckan men jag ville

inte längre gå till mottagningen. Jag var säker på att jag
var på väg att bli frisk, och min motivation var att inte
triggas av de andra patienterna på avdelningen. Detta
sågs säkert som ett friskhetstecken hos mina behandlare,
men för mig handlade det om att minska på tiden jag
behövde vara på ätstörningsenheten så mycket som
möjligt för att få mer frihet till att sköta det på mitt sätt.
Jag ville inte på något sätt falla tillbaka, utan jag trodde
verkligen jag var på väg att bli frisk. Men efter ett återfall
under sommaren där jag hade gått ner nästan all den
vikt jag återhämtat under den nio månader långa
dagvårdsbehandlingen, började jag hetsäta och vikten
kröp inte längre uppåt, den sköt uppåt. Mina minimala
0,5 kg i veckan kastades bort och istället visade vågen
1-2 kg viktuppgång i veckan. Det hände för fort för att
jag skulle känna att jag hade någon kontroll över det.
Men vikten gick upp och det var vad behandlarna såg.
Jag vågade inte berätta om hetsätningarna i och med
skammen som det innebär. När jag mot slutet av
sommaren till slut nådde en lägsta normalvikt blev jag
utskriven från kliniken och därmed även friskskriven. Jag
var så glad och firade, för jag hade blivit frisk från
anorexin.

Att ta upp kampen igen.

Två månader efter utskrivning från första behandlingstillfället, den som hade pågått från våren 2016 till sensommaren 2017, kände jag att min kraft börjar ta slut. Den eufori som kom från första månaden i frihet ebbas ut och ersätts av en otydbar dimma. I början på november åkte jag och min syster iväg på en resa, till Amsterdam. Jag minns endast små delar av den. Det skulle vara vårt tillfälle att fira oss båda, hennes födelsedag samt min friskskrivning från anorexia som jag hade kämpat så länge med att komma ur. En resa som skulle vara fylld med olika äventyr och en massa god mat, en resa som skulle stärka vår systerrelation, en resa att minnas för resten av livet. Jag minns knappt något av staden jag så länge hade velat besöka, och jag fick aldrig chansen att testa på all den goda maten som jag hade gjort så noggrann research på innan. Det jag däremot minns så tydligt är orkeslösheten, tankarna som svävade bort ut i ingenstans och känslan av sorg när jag insåg att jag hade låtit sjukdomen stjäla ännu en resa. Jag skulle ju vara frisk nu.

Drygt tre veckor efter att vi kom hem bestämde jag mig för att nu får det vara nog. I hemlighet satte jag mig vid datorn, klickade mig in på sidan över Stockholms olika ätstörningsenheter och skickade in en egenanmälan. Jag vågade inte berätta för någon om det som var som på väg att hända. Min familj hade redan utstått nog med smärta på grund av mig, på grund av min sjukdom. Och den här gången var det ju inte så allvarligt. Jag skämdes.

En säsong av väntan, tiden står stilla.

Den följande tiden minns jag knappt någonting av, men det är en hel del väntan. Mitt liv rullade på som vanligt med studier och extrajobb. Jag kämpade på med att fullfölja alla mina kurser på tekniska basåret. Från att vara den prestationsprinsessa jag alltid varit under första terminen då jag gick ut med toppbetyg, till att under andra terminen kämpa för att ens få godkänt, så att jag kunde få min behörighet och slutföra det jag har startat. Jag undrar om folk runtomkring märker någon skillnad, men jag brydde mig inte längre om studierna.

Egentligen hade jag ett väldigt hektiskt schema, men rent mentalt hade jag tryckt på paus. Den fysiska kroppen var i fortsatt rörelse, det var min kropp som gick på autopilot. Men jaget var inte längre kvar, skulle du träffa mig så hade du inte känt igen mig. Det kändes verkligen som att tiden stod stilla. Jag hade ingen riktning, jag hade ingenting. Mitt liv gled ur mina händer och jag orkade inte längre stoppa det.

"Ger du ätstörningen ett enda lillfinger så kommer den att ta hela din arm." Under den perioden jag väntade på vård lät jag mig själv falla ännu djupare. Jag skulle ju ändå få vård snart, så jag kunde passa på nu. Och så visste jag inte hur länge jag ska behöva vänta på att få svar från ätstörningsenheterna, det skulle kunna gå på några veckor, men det skulle lika gärna kunna dröja månader. Vad som hade börjat som små försiktiga signaler utvecklas i allt snabbare takt till något mycket mer allvarligt.

Beteenden som byts ut.

Efter år av svält började min kropp protestera. Jag började känna av en hunger som jag aldrig upplevt innan, ett sug som var så starkt att inga andra tankar eller känslor fick plats. Det började med en enstaka bulle här och där, det kunde jag ju unna mig, bara jag såg till att kalkylera ut energiinnehållet så att jag kunde subtrahera mängden från den nästkommande dagens intag. Sedan ökade det successivt, mängden mat jag kunde trycka i mig under den korta stund då kroppens överlevnadsinstinkt tog över. Trettio minuter max. En dag efter en sån episod blev ångesten efteråt så stark och överväldigande att jag inte visste hur jag skulle överleva den. Så jag gjorde det enda som jag trodde kunde få paniken att lugna sig, jag sprang till toaletten och stoppade fingrarna i halsen. Tårarna rann och jag hatade mig själv mer än allt annat. Samtidigt kände jag en lättnad i kroppen. Därifrån började det eskalera, och bara några veckor senare hade det blivit en vana att bege mig till butiken och köpa hem allt det jag tidigare hade förbjudit mig själv att röra, bara för att trycka i mig allt inom loppet av en halvtimme och få ut det igen ur systemet.

"Jag ska aldrig mer köpa hem mat igen." Jag förstår inte vart min kontroll har försvunnit. I ett försök att återfå kontrollen bestämmer jag mig för att sluta äta helt och hållet. Dagarna då jag inte äter känner jag mig stark, men sen kommer dessa hetsätningsepisoder flera gånger i veckan, och då känner jag bara total hopplöshet. Jag börjar missa lektioner för att jag på något sätt lyckas hamna i skolkafét istället med all denna maten framför mig. Tappar bort tiden. Jag sitter inne på toaletten på studentpalatset under tentaperioder och trycker i mig bulle efter bulle för att sen kunna spy upp det igen. En tidig morgon sitter jag helt själv i den stora lokalen som under lunchtid brukar vara fullsatt, där hungriga studenter står i långa led vid mikrovågsugnarna och väntar på att få värma sin mat. På vägen till skolan den morgonen köpte jag med mig ett paket ben&jerry's och några paket kakor. Jag vill inte göra det, men jag kan inte längre kontrollera mina impulser. Efter några tuggor kliver en städerska in som blir förvånad när hen ser mig sittandes helt ensam i ett hörn och lektionerna egentligen redan har börjat. Jag skäms, men det är redan för sent, för jag har redan släppt ut det monster som bor inuti mig. Jag börjar tro att det aldrig nånsin kommer bli bättre. Hur länge skulle jag behöva vänta? Jag ville ha hjälp med att sluta hetsäta, men jag ville få behålla min kontroll.

Anorexin vs bulimin.

Att vara sjuk i både anorexi och bulimi är helt ärligt det jobbigaste jag varit med om. Det är ständig tävling och skam. Ena minuten kan jag känna mig ren och oövervinnerlig, och i nästa stund blir jag äcklad av varje liten del av mig själv. Anorexia ger en ofta bilden av total kontroll, disciplin och självbehärskning. Det visar att man är stark, att kunna säga nej till något så livsviktigt som mat. Samtidigt är bulimin rena motsatsen, det är allt annat än kontroll och det är smutsigt och något som måste gömmas från allt och alla. Båda delar blir dock problematiska. Det finns inget "rent" med anorexia, och det finns inget skamligt med bulimi. De är båda psykiska sjukdomar och extremt skadliga sådana. Jag valde aldrig något av det.

I bulimin växte sig mitt självhat allt större. Jag spenderade pengar jag inte hade på mat, jag spenderade tid jag inte hade på att äta. Det verkade aldrig ta slut, mitt liv hade blivit ett enda stort mörker. Den tiden då jag inte var i skolan, på jobbet eller ute och tvångstränade så låg jag hemma, helt utslagen. Jag hade ingen ork över till att plugga eller socialisera mig. Jag, som under hela mitt liv hade strävat efter toppbetygen och toppresultaten, slutade bry mig överhuvudtaget. Jag ville bara dö. Livet var inget för mig, kanske var det aldrig meningen att jag skulle fortsätta leva. Jag kunde läsa texter om hur skadliga mina beteenden var, men jag brydde mig inte. Läkare kunde komma med hot om att min kropp kunde sluta fungera när som helst, men orden betydde ingenting längre.

Jag minns kvällarna då jag låg på golvet och grät samtidigt som jag bad. "Snälla Gud, ta mitt liv. Bara ta det, jag är färdig med min tid här på jorden."

Utdrag ur: 2018-01-11.

"Illamåendet
äckelkänslan
och tjockkänslan som aldrig försvinner
trots att du tvingat kroppen
få upp allt igen.

Kroppen som inte vill mer.
Matresterna som skvalpar omkring
Blir till fett
Varje andetag
Gör ont
Halsen blöder
Och illamåendet
Det eviga illamåendet.

Svält är mycket bättre
än att tvinga kroppen till något som är helt emot dess natur.
Din största rädsla
Men ångesten är större
Och du gör det ändå
Det blir ditt straff
Varje gång du gör det förbjudna
Mat, mat, mat
Äckliga gris
Fetto

Du straffar kroppen
Om och om igen
Men du,
Den vill ju bara överleva."

Dagvården 2.0, omgång ett.

Fem månader senare. Jag skrevs in på dagvårdsenheten i början av maj 2018. Nu skulle jag bli frisk, nu skulle det här bli min sista behandling inom ätstörningsvården. Det var ett löfte jag gav mig själv mina första dagar i Sollentuna. Men ambivalensen fanns där hela tiden. I min journal stod det nu klart och tydligt ”bulimia nervosa”. Jag ville absolut bli frisk från bulimin, den ville jag allra helst kasta iväg så långt bort jag kan och glömma att jag nånsin haft med den att göra. Jag ville inte leva en sekund till med bulimin, men anorexin däremot, den har alltid varit svårare att släppa. Men jag visste att om jag fortsatte att leva med anorexin så kunde jag när som helst falla in i de bulimiska episoderna, jag var alltid i riskzonen. Den tanken blev min drivkraft, min motivation.

Jag började på lägsta möjliga ordination, en viss mängd mat jag skulle äta varje dag. Sex måltider om dagen, tre timmar mellan. På avdelningen blev vi serverade fyra mål mat om dagen, och de sista två åt vi hemma, på egen hand. Det var så skönt att bara släppa all kontroll och låta kunnig personal ta över vad gäller maten, men varje kväll när jag kom hem från dagvården kunde jag känna den starka oron. Tänk om jag kommer börja hetsäta? Så jag åt ingenting hemma. Rutinerna på avdelningen blev en trygghet och varje eftermiddag fick jag ångest över att jag snart skulle åka hem igen. Helgerna var värst.

Under tiden på dagvården försvann hetsätningarna från mitt liv, men i och med att jag fått smaka på kontrollen igen växte sig anorexin starkare. Efter fyra veckor på dagvården började det talas om heldygnsvården. De gav mig en chans till och ytterligare en, men det kändes rätt onödigt när jag redan hade slutat försöka, för när jag insåg att jag hade en möjlighet att bli inlagd såg jag ingen poäng i att kämpa själv. Det finns en problematisk syn på frisk vs sjuk bland ätstörda som det sällan pratas om, och det är tävlingsinstinkten. Vi jämför oss med andra sjuka, vi jämför symtom, behandlingar, allvarlighetsgrad. Allt blir en tävling. Du ska ha varit på flest antal behandlingar, du ska ha vägt minst av alla, och det är nästan ett krav på att du ska ha varit inlagd på en heldygnsavdelning, gärna så lång tid som möjligt. För utomstående kan det låta hur löjligt som helst, men för oss sjuka är det det mest logiska vi vet. Vem har varit närmst döden?

Så när det pratas om heldygnsvården så väcks en slags stolthet i den ätstörda delen av mig. Kanske får jag äntligen det beviset jag sökt efter i tre års tid, beviset på att jag har varit sjuk nog. Under min sjätte behandlingsvecka beslutades det att jag var i behov av ännu mer stöd för att kunna bryta beteenden, jag remitterades till heldygnsvården. I samband med detta ändrades min ätstörningsdiagnos från bulimia nervosa tillbaka till anorexia nervosa, och en ny diagnos tillkom: depression.

Heldygnsvården.

Jag minns första dagen. Han öppnade dörren. Jag hade med mig alldeles för lite packning och kände mig alldeles helt totalt på fel plats. Samtidigt som jag (läs: ätstörningen) hade sett fram emot inläggningen så var jag också panikslagen. Här skulle jag inte kunna hoppa över en måltid, här skulle jag inte kunna gå på mina milslånga promenader, här skulle jag inte kunna kompensera efter måltider. Här fanns regler som skulle följas, här var toaletter låsta efter måltider, här fanns personal dygnet runt som höll koll på oss så att vi inte gjorde något olämpligt.

Första dagarna ville jag bara tillbaka. Jag saknade dagvården, jag saknade mina behandlare och medpatienter där, jag saknade lokalerna och oj vad jag saknade allt helt plötsligt. "Två veckor, max." Det var hur länge jag hade tänkt att stanna kvar. Jag ville ju inte vara på avdelningen egentligen, jag ville bara kunna berätta om att jag *hade* varit där. I nio veckor fick jag stanna där.

Det är en speciell miljö att vara i, att bo så tätt inpå en grupp med människor som delar samma problematik som du. Man kommer varandra nära på ett sätt som inte går att beskriva om man inte varit där själv. Man blir varandras familj.

Det är mycket som jag nu i efterhand kan ifrågasätta. De sätt som jag såg på situationen och mitt perspektiv på det hela. En relation tog för mycket plats och jag fångades in i den. Jag blev som ett barn igen, dagarna på avdelningen flög förbi och jag kände mig så lätt. Vi hittade på saker tillsammans, satt tillsammans, pratade med varandra sent på kvällen trots att vi egentligen skulle vara i säng, vi gjorde projekt tillsammans. Ätstörningsbehandlingen hamnade i periferin och jag skapade istället ett nytt liv för mig själv där på avdelningen. Efter inte alls lång tid skapade det problem för mig, behandlingsmässigt, och jag fick ett val att antingen fokusera på behandlingen och därmed bryta de relationer jag hade skapat, eller så kunde jag inte längre gå kvar. Det tog veckor att komma till ett någorlunda avslut på något som hade byggts upp inom loppet av några få dagar. Det är vad den miljön kan göra med en.

Jag utvecklade mycket skuldkänslor under min tid på heldygnsvården. Jag tog på mig skulden för allt som hände, oavsett om jag var inblandad eller inte. Jag tog på mig ansvaret för att det skulle vara en trivsam miljö och att alla skulle må bra, inklusive personalen. Kände jag av att någon inte mådde bra började jag trycka ner mig själv, jag såg mig själv som misslyckad för att någon i min närhet mådde dåligt och jag tänkte automatiskt att det var mitt fel. Med tanke på situationen och vart jag befann mig kunde det ske dagligen, och det blev väldigt påfrestande. En skötare fanns där och han och jag började fick bra kontakt. Förtroendet stärktes efter en dag då allt brast för mig och jag grät inför honom. Det var första gången jag grät på avdelningen. Första gången jag grät på flera månader.

Nästa gången jag grät inför någon annan var med en sjuksköterska. Hon såg mig på ett sätt som ingen annan hade gjort tidigare, hon förstod. Jag började känna mig hemma på avdelningen, och jag kände mig trygg för att hon fanns där. Vi gjorde så mycket ihop, trots att hon säkert egentligen inte hade tid. Men jag följde efter henne och roade henne, vi skrattade, spelade, pratade. Hon var inte som de andra i personalen. En kväll när hon jobbade natt satt vi och pratade tills klockan hade blivit alldeles för mycket och de andra patienterna redan hade gått och lagt sig. Jag grät när hon sa att hon skulle byta jobb, jag grät dagarna innan hon åkte och jag grät när vi sa hejdå till varandra. Vi bytte gåvor, jag gav henne ett armband som jag hade gjort, och hon gav mig en ängel som hon hade pysslat ihop. "Tänk på mig när du ser den, din skyddsängel."

Nio veckor blev det totalt innan jag fick komma tillbaka till dagvården igen. Jag åkte därifrån bara några dagar efter att hon hade slutat. Kanske hade jag fått lämna tidigare om jag ville, men jag kunde inte stå ut med tanken på att hon fortfarande var kvar där men inte jag. Det är nästan skrämmande hur manipulerande sjukdomen kan göra en. Jag blev så bra på att visa enbart det jag ville skulle synas och dölja andra aspekter, att jag själv började tro på mina egna lögner. Jag har än idag svårt att se vad som är vad, varför jag har de tankar som jag har och hur allt det här började egentligen.

Två månader, nio veckor, sextiotre dagar. Så lång tid hade jag varit borta från dagvården, borta från min egna lägenhet på Söder, och så lång tid tog det för mig

att bygga upp en ny trygghet och ett nytt sammanhang.
Jag växte under tiden där som jag fick jobba med mig
själv och jag kom ut som en annan person än den jag
var när jag först kom dit. På gott eller ont, det vet jag
inte.

Självskadebeteendet.

Ett fåtal gånger hade jag skadat mig själv tidigare i mitt liv. Det handlade främst om att riva mig själv med naglarna, eller med ett annat vasst föremål. Första gången var under gymnasiet, jag tog en nål och ritade en symbol på armen efter att ha sett på nätet folk som gjorde konst av ärrbildning. Det första som kändes var smärta, sen ett odefinierbart lugn. Jag minns lugnet så tydligt.

På heldygnsvården väcktes beteendet igen. Jag satt och skrapade mig själv på armen för att flytta fokuset bort från ångesten som gnagde i mig efter en jobbig måltid. Det blev ett synligt märke, rött med en svullnad runtom. Min sjuksköterska såg vad jag höll på med. En enstaka gång blev till någon gång ibland, varje vecka, flera gånger i veckan. Det blev mer än "bara" ångesthantering, jag tror att jag utvecklade ett slags beroende. Beteendet problematiserades gång på gång under hela perioden på heldygnsvården och det diskuterades fram och tillbaka om att avsluta behandling på grund av riskerna det medförde. Trots att jag riskerade min plats, som jag var så desperat att få behålla, var det någonting i mig som drev mig till att fortsätta med det skadliga beteendet. Varje gång jag skadade mig själv uppdaterades min krisplan. Skadade jag mig tillräckligt allvarligt behövde det kollas till av sjuksköterskorna. En vecka hade mina sår blivit infekterade, och då blev det dagliga turer till undersökningsrummet där jag satt på britsen och blev omplåstrad av olika personer. Mitt skadliga beteende gav mig mer tid med personalen, och det var något som drev mig till att fortsätta.

Det farliga med dessa beteenden är hur snabbt det kan eskalera. Uppmärksamheten var en drivkraft, även rädslan att jag skulle ses som fejk om jag skulle sluta med det. Men det handlade aldrig om uppmärksamhet bara för uppmärksamhetens skull, utan det var något som satt djupare än så. Det hade på något sätt blivit min nya identitet, så hur skulle jag kunna sluta så tvärt? Självskadebeteende är som ett beroende. För varje gång jag skadade mig själv växte behovet starkare och det krävde mer. Vassa föremål och naglar var inte längre tillräckligt, så jag upptäckte rakbladet. De kunde skapa riktiga sår, djupare sår. Bara en sista gång, om jag bara gör det tillräckligt djupt kommer jag inte vilja göra det igen. Men det kändes aldrig tillräckligt.

Dagvården 2.0, omgång två.

Det gör ont i mig att tänka på den här perioden. Återigen förundras jag av hur snabbt människan vänjer sig vid nya rutiner. Andra gången jag kliver in som ny patient på dagvården känner jag mig redan som hemma. Första gången kände jag ingen alls, jag hade aldrig varit på Capio tidigare och jag kände mig mest utanför. Den här gången är det inte samma personer som går kvar sedan min första omgång, men det är många som jag känner igen sedan heldygnsvården. Det är tydliga grupperingar mellan patienter, de som kommer "utifrån" och de som kommer från heldygnsvården. Den här gången kan jag delta i alla engagerande diskussioner kring allt drama vi varit med om, vi utbyter åsikter med varandra och skrattar åt alla roliga situationer. Det är strängt förbjudet att prata om tidigare behandlingar och det som rör sjukdomen med andra patienter, så självklart är det i princip det enda vi pratar om.

Jag kommer med en ny självsäkerhet som jag fått med mig från heldygnsvården. Det är intressant att jag i utanförlivet har så svårt för att känna trygghet i det sociala och att skapa nya relationer, men inom ätstörningsvården har det kommit så naturligt. Jag känner mig som en helt annan person, och jag gillar den här personen mer. Någon som kan vara rolig och bjuda på sig själv, någon som ser till att hålla stämningen uppe och som har så mycket energi inkapslad inom sig att det då och då spricker och det skickas ut som små energipaket till omgivningen. Den personen vill jag vara, och den personen blev jag i den miljön. Det tror jag också har varit en bidragande faktor till att jag inte har vågat släppa taget om ätstörningen, för i mitt huvud har det blivit att mitt friska jag är lika med tråkig och osäker. Jag fungerar bara i ätstörda miljöer med andra ätstörda personer som förstår mina ätstörda skämt där jag gör förlöjligar diverse ätstörda beteenden.

Samtidigt som jag utåt sett förmedlade en sån livsglädje så pågick ett mörker inom mig och med mitt team. Självskadebeteendet hade eskalerat, suicidtankar blev alltmer intensiva, och i allt detta behövde jag också handskas med problematiska relationer från heldygnsvården som kom upp till ytan igen. För när jag började på dagvården så hade tidigare vårdpersonal tagit kontakt med mig privat. Det var säkert inte menat att det skulle bli som det blev, men min problematik har alltid gjort det svårt för mig att veta hur jag sätter gränser för mig själv och för andra. Jag visste att det vi gjorde inte var tillåtet, men jag kunde inte sluta. Jag hade satt mig i en riktigt knepig situation. Det blev för många bollar i luften och jag kunde omöjligen hålla koll på alla samtidigt.

Ätstörningsbehandlingen blev lidande. Den fick inget fokus alls, varken av mig eller av mitt team. Det dök ständigt upp yttre saker som ansågs mer akut, saker som blev tvungna att behandlas på direkten. Vi försökte flera gånger, prövade olika lösningar, vi försökte även med samverkan mellan Capio och psykiatrin. Men vi hade redan låtit det gå för långt och jag vägrade inse det då, men det gick inte längre att rädda.

Energibomben.

Jag har så mycket energi, och jag vet inte vad det är. Jag kan inte sitta still, jag kan inte hålla allt inom mig längre. Jag e x p l o d e r a r av energi. Det är som att allt som har samlats inom mig bara vill ut ut ut. Det bubblar av energi. Skrattet sprider sig i rummet och jag känner mig som klassens pajas. Jag får andra att skratta, och det gör mig glad. Jag rullar runt, jag skuttar, hoppar, dansar. Studs studs studs. *"Jag är en studsboll!"*.

* * *

Ett invant beteende.

Jag gör om samma misstag, om och om igen. Som att min hjärna är programmerad till att fungera på ett visst sätt som jag inte helt håller med om. Jag är för högljudd, skrattar för mycket, pratar för mycket, pratar *om* för mycket. Efteråt övertänker jag allting jag har gjort, jag går igenom allt i detalj och försöker att granska mig själv utifrån. Och där kommer skammen, över vad jag har gjort. Vad folk måste tänka om mig och hur jag inte bara kan hålla käft. Så jag går tillbaka och ber om ursäkt, är det riktigt illa väljer jag att ta avstånd för att skydda dem från mig. Jag känner mig som ett bomb som kan explodera när som helst. De måste försäkra mig om att jag inte alls är i vägen, absolut inte, och att jag inte alls är jobbig/utmattande/galen. Sen ber jag om ursäkt tills känslostormarna inom mig har lugnat sig och jag återigen får perspektiv på saker och ting. Och jag skäms över mig själv ännu mer, att jag känner behovet av att be om ursäkt för allting. Jag ber om ursäkt för min existens. Exakt precis så känner jag mest hela tiden. Men ibland glömmer jag bort det, och så går det på repeat.

* * *

Bekräftelsebehovet.

Se mig. Hör mig. Beröm mig. Bekräfta mig.

Varför jag känner behovet av att bli sedd så mycket vet jag inte. Det är inte heller från vem som helst, utan det är av vissa utvalda personer. Ofta vårdpersonal, auktoritetspersoner. Ofta personer som jag inte borde skapa en relation med. Jag undrar om det inte är min osäkerhet som gör att jag söker mig till de omöjliga relationerna istället för de där jag faktiskt kan få det att fungera. Lite som att hela testa gränserna, hela tiden utmana reglerna. Det komplicerar iallafall saken väldigt mycket. Med vårdpersonal blir det extra knepigt. Jag vill att de ska må bra, jag vill vara den perfekta patienten. Hela tiden vill jag bygga en relation med dem, och någonstans förstår jag att den relationen inte kan bli långvarig, men ändå gör jag det. Det växande bekräftelsebehovet blir ett växande problem. Jag går fram till personer och tar upp saker som inte ens är sådär viktiga att de behöver pratas om där och då, och sen får jag ångest över hur mycket jag slösar deras tid och då blir jag övertygad om att de hatar mig. Därifrån tappar jag mig själv i tankarna och det enda jag måste reda ut är att försäkra mig om att de inte hatar mig. Så jag går till dem igen och ber om ursäkt för allt och jag

58

har till och med, ett flertal gånger, frågat rakt ut *"hatar du mig?"*. Det kan inte vara ett normalt beteende. Och det spelar ingen roll hur många gånger mina vänner på avdelningen säger att jag är okej och att det inte spelar någon roll, eller hur mycket min familj finns där för mig. Har min hjärna ställt in sig på en person så blir den personen mitt allt. Den personen och ingen annan kan tillfredsställa mitt bekräftelsebehov. Jag tappar fokus på vad som är viktigt och börjar grubbla över relationer. Den rationella delen av mig försvinner in i dessa grubblerier, jag lever i mina egna påhittade scenarion.

Slutet på ett kapitel.

Sen kommer den händelsen som skulle komma att förändra allt. Jag minns allt så tydligt, men samtidigt är tankarna så långt borta att jag knappt kan förstå om det var en dröm eller verklighet. Det var en situation på dagvården som triggade igång allt. Ett kort samtal mellan mig och min behandlare, något som egentligen var helt oväsentligt i det stora hela, men som i min värld där och då blev droppen som fick bägaren att rinna över. En så enkel sak som tidsbrist omtolkades i min hjärna till att jag var obetydlig och en börda för alla. Behandlaren som jag blev beroende av ville inte ens ha med mig att göra. Hon var allting, jag var ingenting.

Som ett försök att få henne att förstå hur mycket jag behövde henne gjorde jag det största misstaget jag kunde ha gjort. Paniken över att bli lämnad växte så starkt inom mig och samtidigt kände jag en stor sorg över att ingen ville ha mig någonstans. Det spelade ingen roll hur mycket de andra försökte påminna mig, försökte hjälpa mig att tänka alternativa tankar. Ingenting spelade längre roll för i mitt huvud var det enda som var sant de tankar som ständigt tryckte ner mig. Jag fortsatte sparka på mig själv när jag redan låg ner.

Jag bestämde mig där och då för att det inte fanns en väg för mig att fortsätta. Avskedsbrevet lästes om och om igen och ett sista avsked skrevs i mina anteckningar. Det här var slutet.

Jag ville ringa psykiatrin, jag visste att jag behövde någon som kunde hjälpa mig att reda ut mina tankar, men telefonskräcken stoppade mig. Och rädslan att mina problem med bekräftelsehov skulle komma fram på något sätt. Det vågade jag inte riskera. Så jag skrev på Instagram. En story som gav det korta budskapet "jag har bestämt mig".

I efterhand ser jag det som ett rop på hjälp, att jag var i en situation som höll på att eskalera och inte längre var under min kontroll. Jag ville att någon skulle hjälpa mig ur den. Men där och då ville jag bara att min behandlare skulle tvingas till att ta hand om mig. Det blev så verkligt att självmord kändes som det enda sättet för mig att slippa undan all skuld och skam som jag kände. Och den totala värdelösheten.

Allt resulterade i att jag till slut hamnade på S:t Görans psykiatriska akutmottagning. I fem timmar satt jag ensam i ett rum och undrade hur allt skulle lösa sig, klockan tre på natten fick jag valet att stanna kvar eller åka hem och allt jag kunde tänka på var att jag var tvungen att ta mig till dagvården nästa dag utan att det här på något sätt skulle komma fram. Så blev det inte.

Efter lunch kallades jag in på min behandlares rum där läkaren satt och väntade, och där kom de orden jag gjort allt för att slippa höra. "Här avslutas ätstörningsvården."

Slutenvården.

Allt var annorlunda den här gången. Jag hade inte haft någon som helst erfarenhet av psykiatrin tidigare, bortsett från ätstörningsvården. Ätstörningsvården var min trygghet, men psykiatrin däremot, här var ingenting likt något av det jag upplevt tidigare. Jag tas emot av en sjuksköterska och skrivs in på avdelningen, jag får återberätta min historia som jag berättat så många gånger tidigare att det känns som att jag går på autopilot. Jag känner inte efter, orden bara kommer. Emotionellt är jag frånkopplad. Efter inskrivning får jag lära känna lokalerna och blir sedan visad till mitt rum. En enkelsäng med en orange filt med orden "Stockholms läns landsting" på. Mina saker som jag hade haft med mig hade blivit undersökta och allt som ansågs vara potentiellt farligt för mig låstes in på ett litet rum, oåtkomligt för oss patienter. Allt var så opersonligt.

Jag kom med vårdintyg och var alltså tvingad till att vara där. Första gången jag hade varit inom den psykiatriska vården var två veckor tidigare, även då med vårdintyg från min läkare på ätstörningsenheten. Det blev totalt tre besök till S:t Görans psykiatriska akutmottagning på två veckor.

Slutenvården var kall, opersonlig. Det var ingen behandling utan en läkare sa det själv till mig en dag, "det fungerar enbart som en krockkudde, vi finns här för att vänta ut det värsta". Jag var inte där för att det skulle gå att vänta ut något. Hur skulle jag bli av med suididtankar som jag burit på i månaders tid och som hade växt i intensitet de senaste veckorna, bara genom att låta tiden gå, på en plats där jag kände mig otrygg och osedd. Jag var inne i en kris, min trygghet hade precis ryckts ifrån mig, jag var lämnad utan nånting kvar och jag ville verkligen inte leva mer. Det kändes som hela min värld hade fallit samman. Dagarna på avdelningen gick så långsamt, och ensamtid innebar också tid att grubbla, gå igenom händelser om och om igen och överanalysera exakt allt. Jag visste redan från början att jag inte passade in där. Blickarna hos medpatienter skrämde mig, det fanns inget hopp kvar, inget ljus. Inget skratt, inga samtal, inga leenden, inget liv. Jag kände mig död. Om jag inte varit deprimerad när jag kom in hade jag definitivt blivit det bara av att vistas i den miljön.

En vecka var jag där, men det var en vecka för mycket.

Som att falla och inte hitta hem.

Dagarna efter utskrivning från slutenvården kände jag i princip: ingenting. Den värsta ångesten och sorgen efter sveket från Capio hade lagt sig och jag blev istället helt avtrubbad. Jag visste inte vad som var min trygga punkt, för hemma i lägenheten var den definitivt inte. Jag hade ingen att prata med, ingen att vända mig till. Visst hade jag min familj och ett fåtal vänner, men jag hade varit inom ätstörningsvården sedan maj, och nu var det mitten av oktober och jag hade hunnit forma någon slags ny identitet under dessa månader. Under mina tjugotvå år här på jorden var de fem månaderna jag var inom Capios ätstörningsvård min glanstid, om man ser på det sociala. Åtminstone var det så jag såg på saken. Då är det inte lätt att tro på när folk säger att jag kan skapa nya relationer igen, utanför ätstörningens väggar. Tjugotvå års erfarenhet, och jag har trott att jag inte var menad för det sociala livet. Jag fungerar inte som alla andra, jag tycks aldrig kunna lyckas krossa det skyddsglas som isolerar mig från de andra.

Vem är jag nu? Vart ska jag nu ta vägen? Att ha struktur och en plan har alltid varit oerhört viktigt för mig. Jag måste veta vad jag ska göra och när jag ska göra det, och jag är dålig på att hantera när det blir oväntade förändringar. Jag har glömt bort hur det är att behöva ta hand om mig själv. Under tiden jag var i behandling var det alltid någon annan som sa åt mig vad som skulle göras, det fanns vissa förväntningar på mig och allt följde en mall som de hade tänkt ut åt mig. Matschemat som jag äntligen lyckats hålla mig till under min sista vecka på dagvården kastas bort igen. För inte är väl jag kapabel till att sköta allt på egen hand? Om ätstörningsvården bestämmer sig för att överge mig, då har jag ingen skyldighet att fortsätta med deras dumheter. "Se på mig, jag är fri nu, jag skiter i om jag aldrig blir frisk från ätstörningen." Samtidigt skriker jag i ren panik inombords, för jag vet ärligt talat inte hur jag ska ta mig vidare. Jag undrar varför min första instinkt, när saker och ting inte blir som jag tänkt mig och när jag känner mig sviken, är att gå all in på "destructive -mode". Mitt sista hopp om att bli frisk och fri har försvunnit, och som ett barn är allt jag vill att få visa dem hur fruktansvärt ont det gör att känna sig övergiven.

Jag är tjugotvå år och jag kan inte ens ta hand om mig själv.

Destruktiva relationer.

Den sista ätstörningsbehandlingen påverkade mig på många sätt och ofta ifrågasätter jag om det var rätt beslut att ens söka den vården från första början. Jag är osäker på om det har hjälpt mig eller om det mestadels bara har varit skadligt.

I den intensiva miljö som jag befann mig i så lyckades jag knyta band mellan mig och andra personer som jag inte har gjort tidigare, inte på samma nivå. Den här typen av relation var intensiv, överväldigande. Det behövde inte ta mer än några dagar från det att vi var främlingar till att ha skapat ett så starkt band att jag inte längre visste vem jag var utan den andra personen.

Det problematiska är att jag fäster mig för mycket vid specifika personer, och separationen blir då nästintill omöjlig. Det fanns inte i min värld att jag skulle behöva lämna dem. På heldygnsvården kom jag väldigt nära personer både bland patienter och i personalgruppen. Det var framförallt två personer som jag förlitade mig på. Jag lutade mig helt mot dem och de blev mitt stora hopp. Min sjuksköterska som var den som såg mig och förstod mig på ett sätt som jag aldrig upplevt med någon annan tidigare, och en skötare som var den som alltid lyckades få mig på andra tankar. Vår relation var långt ifrån professionell, men den kändes bra i den situationen jag befann mig i. Vissa regler finns där av en anledning, och det är för att skydda oss. Men jag hatade reglerna och jag älskade att vi bröt mot dem.

Även relationer utanför vården har en tendens att dra åt det destruktiva hållet. Jag märker att jag mycket hellre, under mina mörkare perioder, umgås med andra trasiga personer som framhäver trasigheten i mig själv. Jag dras till det destruktiva, jag dras till personer som antingen på något sätt bekräftar det sjuka i mig, eller personer som jag vet egentligen inte alls bryr sig om mig. Kanske är det lättare så, för i en trasig värld är jag fri från alla prestationskrav. Jag kan vara så trasig jag vill, och folk förstår mig. Jag behöver inte dölja, jag behöver inte låtsas och jag behöver inte vara rädd för att göra någon besviken. De ser mig, för vi är lika trasiga.

Destruktiva beteenden.

Mer och mer finns där en dragningskraft hos mig till allt som är destruktivt. Jag dras till saker som jag vet bara kommer att skada mig, direkt eller indirekt. Inte bara relationer som är skadliga. Det kan också vara enkla grejer som att hela tiden utsätta mig för små risker som kan verka helt oskyldiga. Att inte se mig om innan jag går över gatan, att stå lite för nära kanten på en klippa, att gå precis på den yttersta kanten av perrongen när tåget kommer. Att veta om att jag utsätter mig själv för en fara gör att något väcks till liv inom mig. Hjärnan blir skärpt. Hjärtat slår lite snabbare, jag kan faktiskt känna hjärtslagen igen. Jag känner mig levande.

Några veckor in i omgång två av dagvårdsbehandlingen, det vill säga någon gång i september, började jag röka. Aldrig i hela mitt liv hade jag ens rört en cigarett, jag hade knappt ens druckit alkohol. Jag har alltid varit en duktig flicka som inte har velat hamna i trubbel. Mina föräldrar har varit väldigt noga med att jag ska bete mig inför folk, och det har jag alltid gjort. Sen har jag också i och med den kristna tron varit rädd för allt sånt som ses som dåligt. Det var en synd, och jag är väl ändå ingen syndare. *(Alla är vi syndare.)* Men som den duktiga flickan jag ville framstå som, samt mitt ständiga strävandet efter andra personers godkännande och bekräftelse, fanns där hela tiden en ambivalens i hur jag skulle leva mitt liv. Nej tack till alkohol. Nej jag svär inte. Nej jag smäller inte i dörrar, helst ska jag inte ens visa att jag är arg. Inte si inte så. Den där tonårsrebelltiden som man brukar prata om? Den fick jag heller aldrig agera ut under min tonårsperiod. Jag kom hem i tid, alltid innan tolvslaget. Jag betedde mig moget, vuxet. Eller jag försökte iallafall.

Kanske behöver vi alla en tid då vi får vara mer eller mindre utåtagerande. En chans att släppa alla regler och få smaka på den ultimata friheten. Jag har alltid beskrivits som ett lugnt barn (förutom under spädbarnsåldern), men kanske bor det en rebell i mig ändå. Jag hatar bara att jag inte tillåtit mig själv att agera ut förrän såhär i vuxen ålder, för egentligen är det för sent. Sen i den emotionella utvecklingen. Det klingar inte bra.

Idealisering av döden.

Första gången jag började tänka på min egen död var nästan tre år sedan, jag var nitton år och hade bestämt mig för att jag aldrig skulle bli tjugo. Innan dess var döden något som skrämde mig, jag hatade att jag en dag bara skulle sluta existera. Jag försökte förstå, jag ville verkligen veta exakt hur allt skulle gå till, men döden är och kommer kanske alltid att förbli ett mysterium. Det går ju inte att återberätta något när man slutat existera, iallafall inte här på jorden.

Tankarna förträngdes och jag försökte glömma bort att jag nånsin hade tänkt de tankarna, men de kom upp en dag i ett samtal och ju mer jag började bearbeta, ju mer tänkte jag på döden. Döden kändes närmre än nånsin tidigare och tankarna etsades fast som ett spår i min hjärna. Jag kunde vakna på morgonen och det första jag tänkte var "jag vill dö jag vill dö jag vill dö". Likt en tvångstanke. Ibland var det bara ett tyst vardagsbrus, men ibland skrek den så högt att det var allt jag kunde höra. Det var som en skiva som hade fastnat.

Under min tid på Capio började tankarna intensifieras. Det var inte längre något abstrakt som jag stundvis plågades av, utan det blev något som tog över mina tankar. Jag tänkte nästan dagligen på hur jag skulle gå tillväga, jag tänkte på tidpunkt och jag skrev en plan.

Men vill en människa som är suicidal egentligen dö? Jag lockas av tanken på att avsluta mitt eget liv, men samtidigt känns det så definitivt och jag vet inte om jag är redo. Jag styrs av impulser, stunder då hjärnan skriker åt kroppen att ta det sista steget, plocka upp de sista tabletterna. Ett ögonblick, sen kan det vara över. Men samtidigt kämpar jag emot.

Jag vill inte dö, jag vill bara sluta existera.

Ett hypotetiskt samtal med läkaren på Capio Ätstörningscenter.

Det här var ett hypotetiskt samtal jag skapade i mitt huvud några dagar efter att jag blivit utslängd från ätstörningsenheten, och desperat försökte hitta en väg in igen. Är det normalt att ha hypotetiska samtal, eller är det bara jag? Att jag är knäpp i huvudet har vi nog redan konstaterat, men dessa samtal kan ibland leda till nya insikter.

Jag vet inte varför jag är här. Jag vet inte om jag vill ha en ny chans till att få komma tillbaka. Det enda jag vet är att jag ville få ett bättre avslut.

Jag har hunnit tänka. Eller, jag har tvingats till det i och med allt som hänt de senaste dagarna. Och det har varit nyttigt.

Jag inser hur fel allt blev förra gången. Nu kan jag se det tydligare, klarare. Allt det jag sa, och hur jag agerat. Allt var bara missförstånd. Jag missförstod nog mig själv. Idag blir jag ledsen när jag tänker på allt som hänt, hur jag kunde låta det gå så långt. Och framförallt hur jag inte kunde se vad det var som höll på att hända.

Det var inte rätt av mig att bete mig så som jag gjorde, att säga alla de sakerna jag sa. Även fast de andra sa att det var okej, även fast vi hade en överenskommelse om att vi inte påverkades negativt av det vi delade med varandra, kan jag nu se hur det var så tydligt att vi påverkades. Kanske var det omedvetet, kanske var det sjukdomen som lurade oss alla, men vi påverkas som människor, och det är inget vi kan rå för. Hade jag varit smart hade jag sett det, men jag var helt instängd i min sjukdomsbubbla som blev min värld. Jag såg inte klart längre.

Jag har haft tid att tänka över det som pågått den senaste tiden. De senaste månaderna. Ända sedan maj har jag varit helt instängd. Jag trodde att jag var påväg mot något bättre, något ljusare, men i själva verket byggde jag upp muren. Jag murade in mig i sjukdomsbubblan. Den blev mer än en bubbla, starkare och starkare växte sig väggarna som stängde in mig i den. Jag byggde på den, samtidigt som jag trodde att jag närmade mig friskheten. Behandlingsmässigt gjorde jag det jag skulle, jag åt enligt ordination och avstod från överdriven aktivitet. Jag trodde att jag var på väg att bli frisk. Men det jag inte insåg var att samtidigt som allt detta hände, fastnade jag mer och mer mentalt, i det sociala. Jag fick ett sammanhang i sjukhusmiljön. Jag hittade vänner, jag skapade relationer på ett sätt jag inte lyckats med tidigare, jag drog in folk på något magiskt vis och jag trodde jag hade hittat nyckeln. Sjukdomen lät mig få det sociala liv jag alltid önskat.

Att tvingas att klara mig på egen hand har gett mig en ny styrka. Dagvården och heldygnsvården har inte varit bra för mig. De har förstärkt min sjukdomsidentitet på ett sätt som blev för destruktivt på alla möjliga sätt. Jag drogs till ätstörningsrelaterade relationer, och jag valde bort allt annat utanför. Men jag måste bygga upp relationer utanför sjukdomen. Det lär bli tufft till en början, men det är enda sättet att kunna välja friskheten. Att bli så isolerad i det sjuka stängde alla dörrar för mig. Jag levde i ett enda mörker, och samtidigt som jag trodde att jag blev starkare så var det enbart sjukdomen som gynnades.

Jag behöver bygga upp något stabilt utanför sjukdomen. Något långsiktigt. Och jag har mål igen, de målen jag satte upp i början av behandlingsperioden. Jag vill något igen. Resa till världens olika hörn, uppleva en till sommar och äta glass på stranden, skaffa pojkvän, dansa hela nätterna långa. Jag vill känna hur det är att faktiskt leva.

Del 3

Övergången

Nya tankebanor.

Några veckor efter den turbulenta händelsen följer inte längre tankarna mig konstant som en skugga. Jag har insett att jag överlevt, trots att jag haft chansen så många tillfällen de här dagarna att välja döden. Första gången var det jobbigt, att komma tillbaka till slutenvårdsavdelningen från en permission och säga att allt hade fungerat bra. Att jag varken självskadat eller försökt göra något ännu värre. Jag skämdes, över att jag inte var tillräckligt sjuk, tillräckligt förstörd. Sen kom en dag när jag faktiskt såg chansen och tog den. Tre snabba drag med metallen mot underarmens mjuka hud. Det kändes befriande, men sedan kom också en skam. Inget hände, ingen brydde sig. Konsekvensen av mina handlingar? Ingenting. Jag minns att jag kände mig sårad, lämnad, förrådd.

Sjukdomen lät mig bygga upp det sociala liv jag alltid önskat, trodde jag, men problemet är att jag hela tiden istället har byggt upp sjukdomsidentiteten. I och med den växande självkänslan inom sjukdomsvärlden blev det viktigare och viktigare för mig att få vara kvar i den. Jag drogs in i beteenden som skulle försäkra mig om att få vara kvar i känslan av att tillhöra något. Självskadebeteendet som eskalerade, suicidtankarna som kom och blev alltmer påträngande.

Och ju mer jag försökte hålla kvar vid något jag visste skulle försvinna, ju mer gled det ifrån mig. Jag var så rädd, och den rädslan drev mig till något så destruktivt. Bekräftelsebehovet växte sig starkare och starkare, ätstörningen manipulerade mig på olika sätt jag aldrig varit med om tidigare.

Perioden efter det dramatiska avslutet från ätstörningsvården har jag tvingats överleva på egen hand. Efter incidenten på psykiatriska avdelningen, när jag självskadat i hopp om att få någons uppmärksamhet och med reaktionerna som uteblev, insåg jag att det var ren idioti, det jag hade hållit på med så länge. Rädslan att bli lämnad var det som resulterade i att jag slutligen hade blivit lämnad. Jag byggde inte alls upp mitt liv, jag murade in mig i sjukdomsvärlden. Tills jag förlorade perspektivet på vad som var verkligt, och det enda jag hade kvar var just det, sjukdomen.

Jag har insett att jag nog kan överleva även på egen hand. Och så småningom inte bara överleva. Jag ska lära mig att leva.

Dragningskraften i det destruktiva.

Under heldygnsvården hade jag och några medpatienter en diskussion kring förväntningar och inställning. Är det bättre att bygga upp förväntningarna, hoppas på något bra och ställa in sig på bästa möjliga utfall, och sen riskera att bli besviken, eller är det bättre att inte ha några förväntningar alls så att man undviker den besvikelsen? Besvikelse har alltid varit något av det värsta jag vet, och jag gör vad som helst för att undvika den. Så om jag inte förväntar mig något kan jag heller inte bli besviken. Det är lättare att fortsätta med det destruktiva, för då har jag ingenting att förlora.

Det är alltid lättare att leva utifrån att du redan är dömd att förlora från första början. Livet blir som ett spel, och jag testar gränserna för hur mycket jag kan utmana systemet innan det kraschar. Visst, jag är inte längre rädd för döden som jag alltid fruktat sedan barnsben, jag är friare på det sättet. Däremot undrar jag vad jag egentligen har vunnit på att bli av med den rädslan. Ingenting spelar längre någon roll i min värld. Jag har förlorat konsekvenstänkandet, något av det viktigaste för att människan ska fungera korrekt. Utan tankar på konsekvenser kan vi inte fatta realistiska beslut. När ingenting längre spelar roll, varför ska jag då bry mig om att en cigg kan förkorta mitt liv med fjorton minuter? Vad har jag då att vinna på att tänka långsiktigt istället för vad som hjälper här och nu, den strategi som används av nästan exakt alla terapeuter jag någonsin har stött på. Det handlar om hur du vill leva ditt liv om tio år, Linda, eller när du är femtio? Bara tanken på att leva tills jag är femtio år skrämmer mig så mycket att bara det får mig att vilja stoppa in tio cigg på en gång. Hundrafyrtio minuter kortare.

Alla dessa tankar jag har gällande framtiden handlar bara om hur jag ska orka stå ut. Livet har förlorat sin charm, utan det är bara något som måste göras. Jag ser det som en plikt. Min plikt. Och det blir mitt ansvar att hitta strategier som fungerar för att jag ska kunna följa den. Varför? För att någonstans hoppas jag ändå på att jag ska bli motbevisad i mitt nuvarande sätt att tänka på, och att det mina terapeuter tjatat om visar sig vara sanning. Det går att må bra igen, det går att börja leva igen. "Det löser sig."

Festandet.

Under hösten kommer jag in i en period då jag festar mycket. Och då menar jag hela rubbet. Barhäng, spontana utgångar, shot efter shot, dansande med tjejkompisar hela natten tills nattklubbarna på Södermalm stänger och ljusen i taken tänds. Halvt onyktert ostabil svävar jag hem och slänger mig i sängen utan att bry mig om att ens torka bort sminket ordentligt. Klockan närmar sig fyra på morgonen och jag har varit ute hela natten. Jag gillar att dricka lite för mycket, jag gillar att komma folk lite för nära och jag gillar att leva i ovissheten om vart natten kommer att ta mig. Det blir som en slags flykt. För en stund får jag möjligheten att fly från mig själv och kliva ut i världen, helt obrydd. Jag kliver ut ur min kropp och känner hur en enorm tyngd lyfter från mina axlar. Under mitt tjugotvå år långa liv har jag aldrig varit den som festat, snarare motsatsen. Jag var den som oftast tackade nej till alkoholen och när jag väl drack så blev det aldrig mer än ett glas. Jag tackade nej till utgång och efterfester. Jag stod aldrig på dansgolvet. Jag pratade aldrig med någon. Jag kände mig obekväm och fullt medveten om mig själv samtidigt som jag iakttog de andra med ett slags avund, hur deras skratt ekade i mina öron under ljudet av ett ständigt "dunk dunk dunk". Jag var den som smet iväg hem innan tolvslaget, när festen knappt ens hade kommit igång. Dels handlade det om kalorierna. Jag kunde inte se på ett glas alkohol utan att frenetiskt försöka räkna ihop varenda liten kalori som fanns i innehållet. Dels handlade det om kontrollen. Jag visste att festandet inte var bra, jag visste att alkohol inte var

bra och jag var den som under hela min uppväxt
försökte visa att jag kunde vara tillräckligt bra. Duktig
flicka. Så självklart avstod jag från allt det som äventyra
den stämpeln.

Jag känner därför att jag har så mycket att ta igen.
Tjugotvå år, och jag har aldrig fått göra revolt mot
varken föräldrar eller samhällets förväntningar på en.
Som en död fisk har jag bara följt strömmen, accepterat
allt som blivit slängt åt mitt håll och försökt komma
överens med allt och alla. Det är sån jag är. Men en del
av mig har fått nog och gör uppror. Jag vill göra allt för
att bryta regler, jag vill leva utan att behöva tänka på
konsekvenser. Jag vill smaka på friheten.

En konstant påminnelse.

Jag tänker ofta tillbaka, försöker lösa situationer i mitt huvud. Ni vet, gör om gör rätt. Flashbacks som kommer utan någon förvarning. Plötsligt blir jag svag, känslorna överrumplar mig och tar över hela min värld för en sekund. Jag kippar efter luft samtidigt som skuldkänslorna sköljer över mig. Känslan är så stark och så verklig, det blir en imitation av själva händelsen i sig. Trots att det har gått en tid däremellan känns det lika starkt och det gör lika ont. Hur ska jag glömma om jag ständigt blir påmind?

* * *

I min minnesbank finns många händelser som jag aldrig trott jag nånsin skulle behöva vara med om. Det mesta är kopplat till mindre roliga omständigheter, men ibland är det också okej att se det komiska i saker. Jag minns en händelse specifikt kopplat till självskadan. Vid den tidpunkten hade jag sår på båda armarna, ena var helt infekterad och jag åt antibiotika för den, och den andra armen hade sår som precis blivit ihopsytt. Jag hade två fungerande armar, men jag kunde inte använda dem. Hela den veckan tvingades jag ta hjälp av mamma när det kom till att duscha. Vi plastade in båda armarna och hon duschade mig, som att jag var ett barn igen. Hela situationen kändes förlöjligande. Missförstå mig inte, jag är otroligt tacksam för att mamma har kunnat ställa upp för mig i vått och torrt, men att vara vuxen och inte ens kunna sköta sin hygien på egen hand, det känns en aning förnedrande. Nu kan jag skratta åt hela situationen, men egentligen är det inte roligt på något sätt. Jag tror inte jag insett helt och hållet vad det är jag gör mot mig själv och vilken påfrestning jag utsätter min kropp för. När mamma råkar få syn på mina sår viftar jag bara bort det och skyller på att hon överdriver allt. Äsch då, själva såret är ingenting. Det är konsekvenserna som följer som får mig att hata självskadebeteendet.

Men inser jag faran, när jag börja se på det destruktiva som normalt?

Bekräftelsebehovet del två: ett försök till att förstå fenomenet.

Allt handlar om uppmärksamhet, men det kan ta sig uttryck på helt skilda sätt. När jag tänker på någon som försöker fånga andras uppmärksamhet tänker jag på en som syns och hörs mycket. En som tar mycket plats. I vissa stunder kan jag vara den personen. Jag bjuder på mig själv, jag gör mig rolig och beter mig som pajasen så att ingen ska kunna undgå att märka mig. De stunderna kommer inte ofta och brukar heller inte vara så länge, för efteråt kommer ångesten och sköljer över mig. Jag klankar ner på mig själv för att ha betett mig så dumt. Vem tänker jag att jag är, jag har ingen rätt att ta så mycket plats. Istället drar jag mig undan. Jag kryper in i mitt egna lilla skal och försvinner, helt utan förvarning. Det kan komma helt plötsligt, att jag väljer att stänga ute alla andra och isolerar mig. Jag har tidigare tänkt att det är för att jag vill kompensera för mina energiexplosioner. Att jag drar mig undan för att låta andra andas, att jag återgår till den plats där jag egentligen hör hemma. Iakttagaren. Men när jag tänker på vad som brukar försiggå inuti mitt huvud vid de tidpunkterna så förstår jag vad det egentligen handlar om. Jag ville se om de andra började leta sig till mig, om de märkte. Bryr de sig om mig? Finns jag?

Det är oftast så jag har gjort som liten. När jag har känt mig ensam och oälskad har jag dragit mig undan från omgivningen. Jag vågade aldrig be om uppmärksamhet, men något inom mig behövde den så oerhört mycket att jag lärde mig att hitta andra vägar. I grund och botten handlar det om en otrygghet i mig själv. Jag söker uppmärksamhet och bekräftelse från andra, för det är hur jag lärt mig förstå att andra bryr sig. För mig så betyder uppmärksamheten att jag är okej, för stunden iallafall. I detta nu är jag inte osynlig, i detta nu kommer jag inte att bli lämnad.

Det är min egna syn på mig själv som gör mig så skör. Att utgångspunkten blir att jag hela tiden måste kämpa för att hålla kvar personer jag bryr mig om i mitt liv. För så fort jag slutar kämpa så kommer de sluta se mig. Och kvar blir jag, osynlig och oälskad.

Långdragen psykiatrisk utredning.

Jag sitter med benen i kors i fåtöljen. Mittemot mig sitter min psykolog med ett helt häfte fyllt med frågor. Frågor om min personlighet, om mitt liv, om mina vanor och ovanor. Min psykolog lyssnar och antecknar. Jag försöker läsa vad hon skriver, hur hon tolkar mina svar, men det är omöjligt för mig att tyda hennes handstil. Det tar flera sessioner, allt går i snigelfart. Jag slösar tid, jag orkar inte med det här. Tydligen är det en process som krävs innan man kan få behandling, för att de ska fastställa ens diagnoser och ge en rätt form av vård. Jag vill bara ha vård nu, helst igår. Anledningen till att jag blev lämnad av Capio var för att de ansåg att jag behövde fokusera på rätt problem, få hjälp med rätt saker. Vad får jag istället? Samtal med en psykolog som jag knappt ens står ut med och som jag verkligen inte vågar öppna upp mig inför. Sen lär jag bli skickad vidare till någon annan, och så vidare. Jag känner mig bara runtskickad, ingen vågar ta ansvar för mig, ingen vet vart de ska placera mig. Min känsla av identitet och tillhörighet rycktes bort från mig, och nu kastas jag runt av folk som inte ens hinner lära känna mig innan det är dags för mig att bege mig vidare.

Jag känner mig sviken. Psykiatrin har svikit mig. Jag känner mig trasigare nu än vad jag gjorde innan. Gamla sår rivs upp gång på gång samtidigt som det uppstår nya.

Jag försöker hela tiden analysera den här sommaren. Jag trodde hela tiden att jag var i processen att bygga upp mig själv igen, men det enda jag byggde upp var en mur mellan ätstörningen och Linda. Den personen jag byggde upp var den ätstörda Linda. Jag stängde in mig själv i en trygghetsbubbla, och jag gav mig själv en miljö där jag vågade utvecklas som person. Men hur blir det då när man känner att den bubblan är på väg att spräckas?

Jag kände inte att det längre fanns något liv för mig utanför, för jag hade blivit en ny person innanför. En person som jag beundrade på många sätt och som jag tyckte om att vara. Jag vågade ta för mig, jag utstrålade en annan slags självsäkerhet som jag inte ens trodde fanns inom mig. Det var den personen jag ville vara, och jag trodde att den personen enbart kunde existera i den miljön hon byggdes upp.

Jag såg det som att Linda utanför ätstörningsvärlden redan var död, och det skedde för närmre tre år sedan. I Oslo. Men i och med ätstörningen så öppnades en ny värld upp där det fanns plats för min existens. Och det är något som gör det så oerhört svårt, än idag, att våga tro på förändringsprocessen. För jag har allt att förlora.

Ett slutgiltigt hejdå.

Efter en månad av ovisshet och ständig oro kring vad som egentligen hände den där sista dagen, 10 oktober 2018, sitter vi återigen i samma rum, hon i fåtöljen bredvid min. Min behandlare som jag hade på dagvården, en person som bara slets ifrån mig utan att jag hade hunnit förstå vad som var påväg att hända. Jag har försökt att släppa det som hände, upprepande gånger försöker jag intala mig själv att det inte spelar någon roll och att hon inte ska behöva vara en del av mitt liv. Det ska inte finnas plats för Capio i min framtid. Ändå har det tagit upp majoriteten av min vakna tid de veckor som nu har gått sedan sista dagen. Jag har spelat upp händelsen i huvudet, försökt förstå vad det var som faktiskt hände och visualisera hur utfallet hade kunnat bli annorlunda.

Oron att jag hade förstört någonting, att de bar på en ilska gentemot mig, att de tyckte att jag hade gjort fel. Jag kände mig som en bov, och jag ville bara rätta till allt. Minutrarna innan det var dags för det avtalade mötet mellan oss kändes hela situationen som ett misstag. Jag ångrade mig, jag ville inte träffa henne en gång till, jag ville skydda henne från mig. Det är rädslan att bli avvisad som får mig att vilja ta avstånd själv. Och genom att jag nekar mig själv skapar jag också ett skydd för att inte ge andra makten att kunna avvisa mig. Hjärtat slår i hundratjugo, kroppen känns tung men ostabil. Den där känslan av att vara onykter, men jag har inte har druckit en enda droppe. Jag försöker andas men jag får ingen luft. Jag kvävs.

Klockan är tio minuter i och jag står utanför dörrarna och kedjeröker. Tre cigg. Det smakar skit och jag har ingen aning om varför jag ens röker, men jag gör det ändå. Två minuter i går jag upp och anmäler mig i receptionen. Hon är inte där någonstans. Klockan blir tio över och jag börjar känna mig otålig. Jag blir övertygad om att hon ångrat sig och inte alls tänker komma, och jag märker hur jag fylls av skam. Det är en underlig känsla, för varför ska jag skämmas över att någon jag avtalat tid med inte kommer? Om någon ska känna skam över situationen borde det vara personen som inte är där, men istället tar jag på mig allt. Återigen blir det ett bevis på hur värdelös jag är som person. Inte ens till inbokade möten lyckas jag få dit alla.

Klockan är kvart över och jag får besked om att hon är på väg, förseningar på grund av hala tågspår. Hon kliver in till slut och jag känner ingenting. Jag vet inte ens vad vi har för relation längre, jag vet inte vad jag vill säga till henne. Men jag säger allt det som jag gått runt och tänkt på, alla tankar som snurrat runt. Är ni arga på mig? Har jag förstört något? Är ni okej? Jag känner fortfarande samma dragningskraft till henne, vår relation som var, men det är som att jag betraktar det från håll. Jag kan se saker utifrån och jag kan vara mer insiktsfull. Det gör så ont att bli påmind om allt, men den här gången väljer jag att inte låta känslorna ta över och styra samtalet. Jag har hundra saker jag skulle kunna säga, men jag väljer att avstå. Det skulle inte hjälpa någon. För allt jag vill är att be om förlåtelse tusen gånger om och erkänna vilken dålig person jag är och att jag inte klandrar de för nånting. Jag vill placera mig återigen i den där beroendeställningen som jag hela tiden hamnar i. Innerst inne känner jag en viss ilska gentemot dem, men när jag avgudar en relation på det sättet så tappar jag bort mig själv. Min vilja, mitt välmående, allt det blir oviktigt.

Fyrtiofem minuter senare står vi i korridoren och kramas för en allra sista gång. Hon håller om mig hårt medan hon viskar i mitt öra att allt kommer att lösa sig, att jag kommer att hitta ett sätt och att det kommer att kännas bättre. Hon berättar att hon under de senaste veckorna har tänkt på mig, varit orolig. Hon säger att hon bara vill mitt bästa. Jag väljer att tro på henne den här gången. Någon gång måste jag väl ändå lyssna på deras röster istället för mina egna demoner. Jag kan älta i evigheter, men då hade det här mötet bara varit ett stort slöseri med tid. Hon släpper mig och jag vinkar en sista gång innan jag vänder mig om och går ut genom dörren. Det blev vårt slutgiltiga hejdå, och det känns bra. Jag känner mig starkare än på länge.

”Tjock”.

Jag minns något en behandlare sa för många år sedan, när en i gruppen uttryckte orden ”jag är ju tjock”, varvid hon svarade ”okej? och vad betyder det för dig?”. Jag minns att jag tyckte hon var en bitch, hon kallade nyss en ätstörd för tjock. Är inte det absolut förbjudet att säga?

Nu när jag tänker på det igen så förstår jag. ”Jag är tjock”. Än sen? Tjock är bara ett adjektiv som används för att beskriva någon eller något. Precis som smal också bara är ett beskrivande ord av ett substantiv. Det finns inget värde i själva ordet tjock respektive smal. Tjock innebär inte dålig, ful. Jag kan vara tjock och hur fin som helst.

Det handlar om mer än hur vi ser på oss själva. Det hjälper inte att på påståendet ”jag är tjock” tröstas med ”nej du är ju jättefin”. För det första, tjock är inte fult. Och bara för att någon säger att den personen är tjock säger man ju inte att hen är ful.

Utmaningen blir att omtolka ordet, förstå dess innebörd. Tjock ska inte vara något man säger för att vara nedvärderande. Jag behöver inte lära mig att se att jag inte är tjock, att fakta visar att jag omöjligen kan vara det. För vad händer då om min kropp förändras, om jag går upp ett par extra kilogram och hamnar där bmi-skalan drar gränsen mellan normalvikt och övervikt, eller fetma? Blir jag plötsligt mindre värd då? Jag kan säga hur många gånger som helst att jag är tjock utan att det ska behöva vara skadligt, men det är när vi sätter ett likamedtecken mellan tjock och dåligt som ordet blir farligt.

Jag är inte min kropp. Jag *har* en kropp ja, och det är jag jävligt tacksam för. Utan den skulle jag inte kunna leva här på jorden. Men en kropp är också i konstant förändring, för det vore väl ändå onaturligt ifall jag vägde exakt lika mycket med en massa mat i min mage som utan. Eller att kroppen ser ut exakt likadant före puberteten som efter? Det finns inget likamedtecken mellan mig och min kropp. Jag *är* inte min kropp helt enkelt, men kroppen är ett nödvändigt redskap för det här livet. Min kropp tillåter mig att göra saker, fantastiska saker, men min identitet, mitt värde sitter inte i min fysiska kropp.

Alla dessa år inom ätstörningsvården där jag har fått lära mig att jag absolut inte kommer att bli tjock om jag följer deras behandling till punkt och pricka. Det är inte det som är problemet, för då finns rädslan fortfarande kvar. En kropp är inte så mycket mer än just en kropp, och det är *det* vi borde lära oss.

Mer hälsosamma relationer.

Ett meddelande kommer in i inkorgen och jag öppnar det. *"Jag tittar på Mia Skäringers 'Kroppshets'. Det slår så hårt hos mig. För mig själv, för dig. För oss. Åh vad jag är lycklig att du finns Linda. Åh vad jag önskar att vi båda ska hitta lycka i livet och må bra. Det är allt jag kämpar för."* Jag blir påmind om vilka fantastiska människor jag har runtomkring mig. De som alltid funnits där, genom hela min resa, och fortfarande står kvar vid min sida. De hjälper mig upp igen när jag faller, de kramar om mig så hårt, håller ihop mig när jag är rädd att jag ska gå sönder i tusen bitar.

Jag börjar träffa vänner igen, försöker återuppliva den sociala tillvaron. Även dagar då jag bara vill stänga in mig själv försöker jag tvinga mig ut. Jag behöver socialisera mig för att må bra, men det blir knepigt när ångesten ber mig att stanna hemma, att jag inte orkar träffa dem. Ofta mår jag bättre när jag har varit ute en stund, fått fylla på med nya intryck. Däremot tycks jag inte komma ifrån prestationsångesten i någon aspekt av livet, inte ens det sociala. Jag måste prestera för att bli accepterad, enligt mig själv, och jag har hela tiden en överhängande rädsla av att folk kommer att bli besvikna på mig och därför kommer att försvinna från mitt liv. Jag har svårt för att våga ge av mig själv, och en relation handlar mycket om att kunna ge och ta.

Att jag ändå har människor i mitt liv som har stannat kvar så länge är för mig ett mysterium. Men jag är så oerhört tacksam för dem alla. Jag har egentligen ingen rätt att säga att jag inte har någon som skulle bry sig, för det gör dem. De har funnits där hela tiden. Kanske har jag känt det någonstans, att jag genom hela den här resan har haft en hejarklack bakom mig som skyddat mig. Det är som att jag sett allt genom ett filter och inte kunnat ta deras ord seriöst. In genom ena örat, ut genom det andra. Jag blir fascinerad av hur de negativa orden fastnar direkt och tar en evighet att gnugga bort medan ett ord av kärlek knappt ens registreras i hjärnan. Jag måste bli bättre på att lyssna på vad de faktiskt säger, jag måste lära mig att omfamnas av deras värme. Men jag är påväg, det är jag helt klart.

"Det är andra november".

Klockan är 23 och jag sitter hemma hos storasyster. Det har varit en lång dag för oss båda, och nu sitter vi i soffan med varsin kopp te och pratar om livet. Min kära syster, åh vad vi är olika på så många plan, men ändå förstår hon bättre än de flesta andra. Plötsligt, mitt i samtalet, är det som att hon påminns om något. Hon ger hon mig en blick och säger "det är andra november idag". Från ingenstans kommer det, men jag förstår precis vad hon menar. "Linda, det är andra november. Du överlevde." För några månader sedan, eller ja till och med någon vecka sedan, trodde jag inte att jag skulle sitta här idag. Jag var så säker på att första november skulle bli min sista dag att jag inte ens hade tänkt igenom en möjlig väg att fortsätta. Så länge har jag levt med en vägg efter första november. Jag skulle överleva dagarna fram tills dess, och därefter kunde jag inte se något annat än en stor, blank vägg. Vart jag än försökte se så möttes jag bara av… ingenting.

Alla möjliga känslor hinner passera min kropp. I min systers ögon ser jag stolthet och glädje, jag hade överlevt, jag kommer att överleva. Jag delar den stoltheten, givetvis, men det finns också något annat där som jag inte kan förklara. Finns det plats för min existens i den här världen? Jag har under de senaste månaderna levt utifrån vetskapen att jag inte skulle leva mer. Alla dumma beslut, impulsiva handlingar och dumdristighet. Det var inte likt mig att bete mig så, men jag ville leva ut mina sista dagar.

Även om tankarna inte känns lika påträngande längre så finns de där. Och jag vet inte hur jag ska hantera dem. Ska jag begrava dem djupt nere någonstans och försöka glömma bort dem, precis som jag gjorde första gången där, för snart tre år sedan? Jag vet att det inte är hållbart, för förr eller senare kommer den hemlighetskistan att komma upp till ytan, och hemligheten kommer att äta upp mig. En sån tanke kan inte bara ignoreras, utan den måste bearbetas. Det som gör mig osäker är att jag kan se ett mönster, ett destruktivt sådan. Visst hade jag självmordstankar för tre år sedan, men det var inte förrän i våras när jag började prata om det som det verkligen kom upp till ytan igen. För att jag ska bli tagen på allvar så måste jag visa att det är tillräckligt allvarligt, att jag inte är fejk, att det inte bara är påhitt. Självhatet, självskadebeteendet och allt mörker, allt det blev så mycket tydligare när jag började prata om det. Om jag bara hade låtit den ligga gömd som den hemlighet jag hade begravt djupt inom mig, hade det nånsin blivit så stort som det är idag? Hade jag besparat mig ett år av lidande? Kanske, kanske inte. Jag har inga svar. Men nånstans i mig ville jag nog att det skulle komma ut. För de tankarna finns inte där utan anledning. Det är något som ligger bakom, det måste det vara, och det är det jag behöver utreda.

Det här är bara en början.

Nu i efterhand förstår jag vad mina behandlare på heldygnsvården för ätstörningar försökte säga mig. När jag gång på gång grät över att behöva lämna den platsen som hade blivit min trygghet, och de personerna som jag trodde var de som skulle rädda mig ur det fängelse jag hade skapat åt mig själv.

När jag blev avslutad från dagvården och ätstörningsenheten så abrupt och allt försvann på en och samma gång, då trodde jag att allt var över. Men nu i efterhand kan jag se att det de gjorde faktiskt har hjälpt mig. De hjälpte mig att släppa taget om allt det som jag inte insett höll mig kvar, fängslad.

Jag kan inte vänta på att någon annan ska komma och rädda mig. Jag kan inte vara i behov av att andra ska bekräfta mina framsteg. Hela tiden har jag vetat om, innerst inne, vad det är jag behöver. Jag har kunskapen som krävs för att vägleda mig själv genom den här resan. Men jag var blind för min egen kapacitet och fortsatte förminska mig själv. Mina ord var för mig värt ingenting, men deras ord var värt allt. De fyllde mig med kraft och motivation, och jag blev beroende. Jag behövde bekräftelse och vården gav den till mig. Det innebar också att utan vården skulle även bekräftelsen försvinna, och hur skulle jag överleva då?

Jag behövde slitas ifrån den beroendeställning som hade formats. Och de första dagarna kändes det verkligen som att jag dog. Jag kände mig trasig, jag var i flera bitar som hade försvunnit ut i ingenting. Men med tiden lärde jag mig också något. Jag skulle aldrig ha lyckats bli fri genom att ständigt förlita mig på olika vårdpersonal, tvärtom var det den biten som höll mig kvar.

Allt som har hänt var av en anledning. Jag kan se det här året som totalt bortkastad tid, eller så kan jag välja att se det som en prövotid. Varje erfarenhet formar oss som individer. Jag är starkare idag än vad jag var i början av året. I skolan lärde vi oss att muskler bryts ner vid hård ansträngning, trådar i muskelcellerna brister och detta resulterar i något som ofta benämns som träningsvärk. Under återhämtningsprocessen byggs dessa trådar upp igen, men denna gång lite starkare än tidigare, lite uthålligare. Precis som med våra muskler behöver vi människor gå igenom prövningar för att växa och bli starkare. Jag skapar något mer hållbart, uthålligt. Det som jag har varit med om den här sommaren har inte varit helt i onödan.

Och med den insikten avslutar jag kapitlet om ätstörningar, iallafall för nu.

Del 4

Depressionen

Brev till min psykolog.

Det är så mycket jag vill säga till dig, men som jag inte vågar eller ens vet hur. För mig är det fortfarande stigmatiserat att prata om, även fast jag vill att det ska finnas en mer öppenhet kring psykisk ohälsa. Men någonstans blir det fel i mitt huvud, när jag börjar prata om mig själv. Det är heller inte bara när jag mår dåligt psykiskt som jag kan ha svårt att erkänna det, men även när det är fysiskt. Någonstans har jag fått för mig att jag inte ska må dåligt, jag ska inte avvika på något sätt från normen och hela jag som person ska vara fläckfri, både det yttre och det inre. Därför är det kanske ändå inte så konstigt att jag drar mig för att prata om vissa saker.

I samtalsrummet kan jag verka samlad, ordnad. Kanske har du märkt att jag ofta blir tyst när du ställer frågor, och att jag gärna mer än en gång ber dig att förtydliga. Det är för att jag är så osäker och rädd, jag tänker på vad du tänker och vad du tänker att jag måste tänka. Ja du hör, det är ett enda stort tankekaos som pågår, men från ditt håll kanske jag verkar ointresserad eller sluten helt enkelt. Sluten kan jag hålla med om att jag är, men om du bara visste allt jag ville få sagt, bara jag vågade. Ibland kan jag svara svävande på vissa frågor. Jag har svårt att säga saker exakt så som de kommer upp i min tanke, för det låter för grovt. Och jag vill inte vara den som säger sånt. Orden ”jag vill dö” eller ”självmord” går inte att få ut, det blir för personligt. När jag använder mer formella ord kan jag distansera mig från det jag säger och då blir det lättare, för jag pratar ju inte om mig själv. När det handlar om jaget däremot som vill dö eller skada mig själv så känns det plötsligt så mycket värre. Om du bara kunde höra mina tankar. Hur många gånger jag har tänkt just orden "jag vill dö". Hur verkliga de känns för mig.

När jag ibland försöker påbörja något som känns jobbigt så händer det att jag ler. Det är något jag inte kan kontrollera. Det är mitt sätt att försvara mig själv på, bagatellisera hela saken. Och medan jag förklarar hör jag hela tiden mig själv utifrån och jag dömer mig själv för det jag säger. Så blir jag tyst. För om till och med jag dömer mig själv, hur mycket kommer inte då du att döma mig?

Vet du, min största rädsla är att bli dömd av dig. Jag har en förmåga att knyta an så otroligt mycket till psykologer och behandlare, och när det väl har hänt så försvinner jag och allt jag vill är att bli omtyckt av den personen. Jag kan till och med lura mig själv till att tro att det är min vilja som styr, men egentligen vill jag bara bli accepterad, förstådd, omhändertagen. Har jag inte lyckats få förtroende för den personen jag måste prata med så skyddar jag mig själv.

Jag skyddar mitt inre och mina mörkaste hemligheter. Och där börjar ett skådespel. Jag vill vara ordentlig även i mitt dåliga mående och jag vill agera resonabelt och respektfullt.

När jag ler eller inte svarar direkt på någon fråga du ställer så behöver det inte betyda att jag inte har något svar. Tvärtom är det troligtvis för att jag har ett svar men att jag inte vill behöva säga det rakt ut. Jag säger hellre allt som har blivit bättre, eller så börjar jag klaga på andra saker som också stör, men som däremot inte är kärnan i det hela. Jag kan börja prata om hur jag aldrig lever upp till mina föräldrars krav, hur mina vänner måste vara så trött på mig eller hur någon gammal bekant svek mig. Det känner jag inte är några direkta problem att öppna upp om, men när jag ska visa mig själv svag, det är då jag fegar ur och backar undan. Efteråt blir jag så ledsen för någonstans önskade jag att du kunde läsa mina tankar och förstå exakt vad som försiggår där uppe i mitt huvud. Jag önskar att jag bara kunde ge dig en hint om något, och så skulle du veta allt. Jag träffade nämligen en sån person en gång, en som såg allt det där trots min fasad. Dit når mina känslor, men inte längre. Utanför suddas känslorna ut i tomma intet, men innanför är det trängsel. Du sa att ni psykologer inte kunde läsa tankar, och det provocerade mig. "Försök, du försöker inte ens!". Det var allt jag ville säga, men istället nickade jag och sa "såklart inte".

Det är inte många som har lyckats knäcka mitt skal, och inte ens då är jag säker på om ni ser vem som gömmer sig där bakom. Det är nämligen något du borde veta om mig. Jag har så lätt att imitera. Apan ser, apan gör. När du sätter en stämpel på mig så gör jag allt för att leva upp till den. Hela mitt liv har jag blivit stämplad som olika saker. Blyg, snäll, duktig flicka, ordningssam, lojal. Sen kom den mörkare perioden med anorexi, ätstörningar, depression. Du säger att det är ett fyrkantigt system som bara ska ge ledtrådar till en individs problematik, att det ska vara ett hjälpmedel. Att jag inte behöver uppfylla alla nio av nio kriterier för att uppfylla diagnosen emotionellt instabil personlighetsstörning. För mig är det inte så, jag måste vara helt och hållet den identiteten du ger mig, annars känner jag mig dålig, fejk. Jag är rädd att jag ska ta efter vissa symtom bara för att det ingår i symptombilden av en sjukdom. Det sker oftast undermedvetet, så det är inget jag väljer att göra. Det bara blir så. Även det här är något jag gärna håller hemligt, för jag skäms. Jag skäms över att jag inte har någon som helst aning om min egna identitet att jag väljer att hitta någon som jag ska bli som. Det är ju det jag har lärt mig, att alltid leva upp till den bilden någon annan har av mig. Även om den bilden kunde vara olika från person till person så var jag tvungen att följa det. Jag blev den personen som den andra ville att jag skulle vara. Eller det var så jag såg det iallafall.

Det som känns absolut svårast att prata om är självmord. Bara ordet får mig att rysa. Inte i skrift, inte i mina tankar, men när jag säger det högt. Och framförallt när jag pratar om mig själv. Du frågade en gång om jag hade självmordsplaner och jag svarade med ett långdraget ja som avslutades mer som en fråga. Vi släppte det och gick vidare, du ansåg väl att det inte var någon idé att fortsätta på det spåret eftersom att du bedömde det som inte så allvarligt. Efter den sessionen så mådde jag extremt dåligt. Jag ville bara att du skulle fråga en extra gång, och att oavsett hur mycket jag försökte dra mig undan så skulle du envisas med att dra dig in. Då skulle du ha förtjänat min tilltro. Istället gjorde du som alla andra, du valde att tro på mitt skådespel och jag kände mig osynlig. Sanningen är att jag har självmordstankar i princip konstant och en självmordsplan. Tankarna har blivit starkare nu efter mitt senaste försök. Jag kände mig så förbisedd i och med incidenten och som att hela händelsen sågs som ett dumt försök till uppmärksamhet. Ja, självklart vill jag ha uppmärksamhet, det ingår i problematiken, men den känslan som bestod var känslan av att ingen bryr sig. Och kring den är det kopplat så mycket skam och att vara misslyckad. Precis innan jag tog överdosen så gjorde jag det för att jag ville försvinna. Det var tanken som ledde mig till impulsen som fick mig att stoppa i mig alldeles för många tabletter. Sen kom överlevnadsinstinkten inom mig och ångern i och med att jag inte hunnit förvarna. Jag har en plan, och tanken är att jag ska hålla mig till planen. Då, och inte förrän då, får jag ta alla tabletter jag har samlat och fullgöra det hela. Men jag kämpar varje dag med impulsen att göra det redan nu. Det är som att jag vet vad som ska komma, och då har jag svårt att behöva vänta tills dess. Jag längtar till den dagen. Tanken får mig att känna en slags frid inombords.

Jag vill att du ska se mig, jag vill att du ska förstå mig, men jag vill inte att du ska ta ifrån mig min plan. Jag är rädd att om jag berättar så sviker jag mig själv. Därför måste du lista ut det själv, du måste fortsätta fråga och inte ge dig förrän du har fått ett svar. Och då kommer du få hjälpa mig att bli fri från dessa tankar.

En andra chans. Igen.

I december hamnar jag återigen på slutenvården, på samma avdelning som två månader tidigare. Ett beslut om tvångsvård skrivs av överläkaren vilket håller mig kvar på avdelningen på obestämd tid, och den här gången dröjer det fyra veckor innan jag får lämna. I fyra veckor hade jag befunnit mig instängd mellan fyra väggar, i säkert förvar i vårdens beskyddande händer. Jag hade hunnit skaffa mig nya rutiner, jag hade anpassat mig till den nya miljön och jag började se det som mitt liv. Det skrämmer mig hur fort jag anpassar mig, och det är på både gott och ont. Att anpassa mig till en vårdmiljö är allt annat än gott, det normaliserar sjuka beteenden och får mig att tappa bort verkligheten.

Jag tänker tillbaka på de här fyra veckorna och jag kan knappt förstå att det är jag som har levt genom allt det. Egentligen var hela december för mig början på slutet. Där jag trodde att faran var över var egentligen bara början. Jag trodde att jag hade lärt mig så mycket, men jag var förblindad av lögner och jag var fortfarande så intrasslad i en annan verklighet än den jag befann mig i. Jag var i sånt mörker att jag vägrade se något annat än min egen verklighet. Folk kunde prata med mig och jag kunde svara och agera på det sätt som var förväntat av mig, men hela tiden tänkte jag att jag inte skulle leva mer. Ambivalensen var borta, jag hade tagit mitt beslut. Egentligen var det ett varningstecken att jag började prata mer om framtiden, att jag pratade om drömmar och förhoppningar. Jag kunde prata om det med större självklarhet för jag pratade inte längre om mig själv. Jag uppträdde gladare, och därför var det omöjligt för min omgivning att se vad det var som hände under ytan.

Hela december var jag inte längre mig själv. Jag styrde inte mitt eget liv. Allt som var jag byttes ut mot någon helt annan. Den nya personen var mer energisk, oftast överdrivet mycket och på ett helt onaturligt sätt. Det övergick till något som nästan kan ses som en manisk period. Men jag var ju "glad" igen, så då fanns det väl inget att oroa sig över? Jag umgicks med vänner, jag dansade loss i kyrkan, jag bjöd på en helt ny sida av mig själv och folk skrattade med mig. Utåt sätt kunde det verka som att depressionen hade försvunnit ur mitt liv. Jag tror att det var därför ingen reagerade, ingen såg hur jag var påväg att krascha.

Om tvångsåtgärder.

PANG. Någon krossar en glasskål och på golvet ligger det fullt med glassplitter. Innan jag ens hinner blinka reagerar min kropp. Jag springer fram till glasbitarna men blir stoppad av flera skötare som försöker hålla fast mig. Jag skriker och stretar emot, försöker ta mig loss. Paniken inom mig växer sig allt starkare och hela kroppen pulserar i takt med blodflödet som pumpar runt. Skötarna försöker trycka bak mig, men jag är stark. Adrenalinet i kroppen gör mig stark, även fast de är fler än mig. Samtidigt är det en skötare som försöker hantera min medpatient som just hade haft ner glaset i golvet. Hon, liksom jag, försöker ta sig loss, slita sig ur skötarens grepp.

"Det här går inte", skriker en av skötarna.
"Jag trycker på larmet". Och så tjuter bråklarmet högt och gällt. Det larmet personalen bara trycker på om det är en ohållbar situation. Larmet som betyder att nu är det bråttom, nu behöver vi hjälp.

Skötare från andra avdelningen kommer inspringandes och tar tag i mig. Två tar varsin arm och två tar varsitt ben. Sen bär de över mig till bältessängen som redan står framrullad, redo för mig. Jag skriker och försöker slå till något, för att de ska släppa mig. Medan fyra skötare trycker ner mig är det ytterligare två skötare som spänner fast remmarna, och där ligger jag fastspänd och inser att kampen är över, iallafall för den här gången.

Under tiden då jag har varit inlagd inom slutenvården har jag blivit utsatt för tvångsåtgärder så många gånger att jag har tappat räkningen. Jag är inte en person som är högljudd och utåtagerande. Egentligen inte. Men när mörkret inom mig tog över förvandlades jag till ett monster, någon jag inte längre kände igen. I efterhand skäms jag alltid över mitt agerande, men där i stunden kan jag inte styra vad som händer. Jag tappar kontrollen.

Samtidigt kan jag ifrågasätta varför de valde tvångsåtgärderna så frekvent istället för att försöka deeskalera situationen först. Att skrika på en redan agiterad person gör aldrig saken bättre. Om man kan undvika att bemöta panik med panik tror jag att jag skulle ha kunnat slippa många av de traumatiska händelserna jag utsattes för.

Självmord är inget val.

Jag har flera gånger tänkt att det är mitt eget val, att dö eller leva. I det ständiga pendlande mellan två vägval har jag ändå rört mig mer åt en riktning än den andra. Jag har försökt att hitta motargument när folk påstått att det är själviskt, att det är fegt. Det är väl ändå upp till mig att bestämma, och dessutom är det väl ännu mer själviskt av de runtomkring som tvingar mig att stanna kvar när det inte är vad jag själv vill.

Jag lyssnade på ett poddavsnitt en dag som först provocerade mig, utmanade mina tankesätt. Sen fick det mig att tänka om. Även fast döden kan kännas som mitt val så är det inte det. En helt frisk människa skulle aldrig välja att dö framför att leva. En välmående person skulle aldrig ens tänka tanken på att ta sig eget liv. Visst finns det mörkare stunder, även hos en icke-deprimerad människa, men den personen kan också att se att det är övergående. Livet är inte en rak linje, utan det kommer med alla möjliga sorters känslor.

Frasen som brukar användas när någon dör i suicid, att ”hen valde att ta sitt liv”. Det ger oss intrycket att självmord är ett val som någon kan göra, på samma sätt som att välja vilken sorts flingor en ska äta till frukost, eller vilket land en ska resa till nästa semester. Nej, jag jämför inte att ta sitt liv med något så trivialt som val av frukost, men just därför menar jag också att det är otroligt missvisande att beskriva suicid som ett val.

Tänk er en helt frisk människa. Fri från såväl fysisk som psykisk smärta. Hade den här personen då vaknat upp på morgonen, en helt vanlig dag, och tänkt "ska jag leva eller dö? jag ska nog ta livet av mig idag", och sen gått och gjort det. Hade det verkat rimligt? Alla drabbas av oönskade tankar då och då i varierande grad, men att sedan gå från tanke till handling kräver så mycket mer.

Det finns ingenting som är vackert med självmord. Absolut ingenting.

Och det blir så problematiskt när det otroligt viktiga ämnet pratas om på ett sånt missvisande sätt. Jag vet att depression ofta kan bli romantiserat bland unga, jag vet att självskadebeteende kan ses som något vackert och ibland till och med önskvärt, och jag vet att det finns de som beskriver personer som tagit sitt liv som "änglar som fick återvända till himlen". Det här gör att självmord lätt glamoriseras, och att allvaret i handlingen förminskas. Självmord är något definitivt, oåterkalleligt, och det är den vanligaste dödsorsaken bland unga idag.

Ingen människa väljer att ta sitt liv. Det är sjukdomen som får en att fatta det beslutet. På samma sätt som en säger att någon förlorat kampen mot cancer så kan en säga att någon förlorat kampen mot depression. Det kan också handla om psykoser, vanföreställningar, tvångstankar. Allt det här är osynligt, och därför är det så svårt att förstå. Det enda som syns utåt är personen i fråga, och det en ser är då personen som gjort ett val. Men kom ihåg att det finns en kamp som ingen utifrån kan se. Självmord är en psykologisk olyckshändelse. Det är sjukdomen som väljer, inte personen.

Gamla mönster som upprepas.

Jag trodde till en början att allt grundade sig i min ätstörning. Att det var ätstörningen som fick mig att må dåligt och att jag började självskada för att jag inte kunde se hur jag skulle överleva utan den. Men i och med min tid på Gubbängen så förstår jag att det inte är så enkelt. Trots att jag inte äter, inte dricker så ökar mina beteenden i allvarsgrad. Ätstörningen är bara ett symtom på det verkliga problemet. Det fungerade som en mantel som täckte över de svårigheter som vi egentligen borde ha fokuserat på från första början.

Jag kan själv se vissa mönster i mitt beteende. På Capio lärde jag mig att genom att självskada fick jag mina behov tillfredsställda, jag blev omhändertagen och omplåstrad av trygga händer. När den trygga tillvaron jag hade byggt upp plötsligt rycktes bort från mig fick jag panik. Jag hade lärt mig ett sätt att kommunicera på som inte krävde ord, men nu var det ingen som längre förstod mig. Perioden efter Capio kände jag mig så ensam, trots att jag hade familj och vänner runtomkring. Men vi talade helt olika språk, och jag försökte anpassa mig men jag visste att jag inte skulle kunna göra mig förstådd. Jag blir allt sämre, men det sker i total tystnad.

När jag kommer till Gubbängens psykiatriska slutenvårdsavdelning får jag återigen lära mig att den som hörs och syns mest är den som får mest uppmärksamhet. Jag hittar fler sätt att skada mig själv på, och ju mer jag lär känna personalen, ju mer vågar jag testa gränserna.

Det finns ett mönster. Mina beteenden förstärks av att jag får striktare regler. Porslin byts ut mot plast, handskar införskaffas som jag ska ha på mig för att minimera risken att jag ska skada mig själv. Extravak, noll utgång och kroppsvisiteringar sätts in men det är ingen som förstår hur jag triggas igång av det. De tar bort allt den kopplingen jag har kvar till den friska världen och matar det sjuka. Egentligen förstår jag inte det själv förrän långt efteråt. Men de ger mig exakt det min sjukdom vill åt, och deras bekräftelse lär mig att jag ska fortsätta på samma sätt. För varje gång jag skadar mig själv så får jag deras uppmärksamhet, deras tid. Tid som jag inte kan be om med ord. De förstår att jag mår dåligt utan att jag behöver säga det.

På ett sätt går vi alla in i en roll. Jag har fått rollen som den sjuka, och de behandlar mig precis som det. Om de ser mig som den som självskadar, vem är jag då om jag slutar? Det är såhär jag förväntas vara, och då blir det svårt att bryta vissa mönster. Både för dem och för mig. Omedvetet skapar de en miljö där sjukdomen kan härja fritt och deras gensvar på mitt agerande blir det som vidmakthåller mina sjuka beteenden.

Sjukdomen behöver känna sig validerad, sjukdomen som måste få känna att ja du Linda, du minsann har varit tillräckligt sjuk. Sen finns också en del som är så rädd att bli övergiven, lämnad helt ensam. När vården blivit en så stor del av mitt liv, då är det inte konstigt att jag känner rädslan att bli övergiven av vården. Ett friskhetstecken får då olikartade signaler. Dels betyder det att jag är på rätt väg, att jag närmar mig livet, men det betyder också att jag tar ett kliv bort från det sjuka och därmed finns risken där att vården inte längre kommer vilja ha mig. Kommer jag klara mig på egen hand? Så jag tar hela tiden kliv fram och tillbaka, för det pågår som ett inbördeskrig inuti mig. Motstridigheten.

Jag vet allt det här. Det kluriga är att veta hur jag ska gå vidare med den informationen. På något sätt handlar det om ansvarstagande, och att jag har makten att bestämma över mitt liv. Tidigare har jag tackat för det och tolkat det som att det är fritt fram att vara så självdestruktiv som möjligt. Det är en enklare väg, helt klart. Men är det verkligen det liv jag vill leva? Jag kanske känner mig lugnare för stunden, men i slutändan kommer det inte leda mig någonstans.

Jag måste lära mig att kommunicera mina behov verbalt istället för att använda min kropp som ett sätt att uttrycka mig. Jag måste använda mer av det jag har fått med mig från KBT-terapin som jag egentligen hatar så mycket. För KBT handlar om att utmana de tankar och känslor som existerar inom en, att kunna vara i en känsla och ha alla dessa impulser utan att agera på dem. Men allra mest måste jag lära mig att jag klarar mig på egen hand, kanske inte nu, men så småningom i takt med att jag får med mig rätt verktyg och jag kan se att de fungerar. Jag är inte beroende av vården för att överleva. Jag är fullt kapabel till att ta hand om mig själv, och det är *det* vården borde ha lärt mig.

En metaforisk stjärnhimmel.

Jag kan ana vissa mönster i mitt beteende. Hur mitt mående blev alltmer instabilt och hur jag kunde pendla mellan extremer med nästintill maniska stunder till suicidalitet och oändligt mörker. Redan i början av december kom varningsklockorna, men jag vägrade se dem. Jag valde att ignorera allt som skrek till mig att det här inte kommer leda till något bra. Egentligen visste jag det hela tiden, men jag kunde inte hitta styrkan att gå emot de hjärnspöken som drev mig till självdestruktiviteten. Destruktiva beteenden stärkte mitt självhat som i sin tur ledde till ännu mer destruktivt. Allting höll på att rasa och jag orkade inte längre hålla ihop mig själv. När jag redan är värd noll, varför är det då ens värt att kämpa? Jag slutade ansvara för mina egna beslut utan lät allt det som kom åt mitt håll hända mig.

Jag trodde att allt var över när jag lämnade Gubbängen första gången, i oktober 2018. Det var slutet på ett kapitel med dåliga beslut och ansvarslöst agerande. Men oj vad jag hade fel. Tvärtom var det nog snarare början på något som skulle gå längre än jag nånsin kunnat förstå. Jag har varit så djupt nere i mörkret, och när jag trodde att det inte gick att komma lägre så sjönk jag lite till. *"Rock bottom became the solid foundation on which I rebuilt my life."* (J.K. Rowling). Jag vet inte om jag tror på att det finns ett absoluta botten. Botten kan se olika ut för olika personer, olika situationer. För jag tror inte man kan förstå att man befinner sig på botten när man är mitt i det, utan det är en insikt man måste komma till i efterhand. Jag har aldrig känt att jag nått botten, även om andra personer kanske skulle påstå att jag har det. Men sjukdomen driver en till att försöka lite till hela tiden. Logiskt sett vet jag att ju längre ner man hamnar, ju svårare blir det att ta sig ur. Ändå är jag övertygad om att det inte är förrän jag väl har plågat mig själv att jag har nått min absoluta gräns som jag kommer kunna bli bättre. Jag har inte nått min målvikt som alltid funnits i bakhuvudet när jag utvecklade min ätstörning, jag har inte självskadat tillräckligt allvarligt för att det ska behöva tas till extrema åtgärder, jag har inte sjunkit tillräckligt djupt ner i min depression för att jag omöjligen ska kunna skymta något ljus i slutet av tunneln. Mina självmordsförsök duger inte. Min fleråriga misshandel av kroppen genom att neka mig själv mat duger inte. Mina ärr på kroppen duger inte. Det finns hela tiden någon som har varit sjukare, och därför har ett citat som egentligen skulle inspirera mig snarare drivit mig, eller drivit sjukdomen till att fortsätta. Allt kan vridas och vändas så att det ska passa in i ens bild av verkligheten. När den sjuka Linda var så mycket starkare än den friska delen kunde allt tolkas som en anledning för mig att fortsätta på den sjuka vägen. Sjukdomen är aldrig nöjd, absoluta botten skulle isåfall innebära döden.

Idag kan jag säga att jag faktiskt nådde min botten, och det blev min vändpunkt. *En* vändpunkt. Kanske är det inte densamma som någon annans botten, men det gör inte *min* historia mindre värd. Det skedde något dagarna efter den där incidenten på avdelningen. När en genomfrusen Linda fördes tillbaka med polis till den låsta avdelningen efter att ha sprungit ut i snön i bara strumpor, förbannad på allt och alla över att inte ha nått fram till tågspåren. De jävlarna hindrade mig från att göra det jag önskade mest av allt. Men jag orkade inte kämpa emot och hela min kropp värkte av trötthet. Idag förstår jag att de "jävla poliserna" och läkarna räddade mitt liv. För jag var redo den dagen, allt kändes så tydligt i mitt huvud, i filmen som hade spelats om och om igen. Jag skulle dö.

Men jag dog inte. Dagarna efteråt hinner jag tänka över händelsen och där börjar något skifta i mig. En glimt av ljus letar sig fram och jag fäster blicken mot den. Stjärnor som lyser så klart i det becksvarta mörkret. Jag hade föreställt mig den scenen som mitt avslut, och det var kanske just så det blev, men inte på det sätt jag trodde. Håll blicken fäst vid stjärnorna när du känner dig vilsen, och de ska leda dig hem. Jag skapar mig en metaforisk stjärnhimmel. En efter en växer de fram tills det inte ens går att räkna dem längre. Under min alldeles egna stjärnklara vinterhimmel ger jag mig själv ett löfte: jag bestämmer mig för att leva.

Del 5

Borderline

En annan vardag.

Klockan är tolv trettio när hon slår sig ner vid ett av kaféets hörnbord. Ute bland folk, men ändå tillräckligt avskilt för att inte känna sig totalt exponerad. Hon har flytt sitt hem. Mattider är fortfarande mer eller mindre ångestframkallande, och att äta ensam hemma är inte ens ett alternativ. Där jagas hon ständigt av demonerna och måste anstränga sig till max för att inte falla dit. Det blir för påfrestande. Så hon beställer en cream cheese bagel på ett gammalt stammishak. Precis som i sina dagdrömmar om den önskvärda tillvaron sitter hon på ett kafé och skriver, helt utan några som helst förpliktelser. Fri att göra precis som hon vill. Kaféet är bullrigt och mörkt och egentligen ganska oinspirerande. Södermalm har så många fik som definitivt skulle passa mycket bättre som en kreativ miljö, men det här är bekvämt. Förändringar och ovisshet skrämmer henne, det får pulsen att stiga och ångestnivån likaså. Hon behöver inte mer stress i sitt redan sköra mentala tillstånd, hon behöver trygghet.

För inte mer än en vecka sen såg vardagen helt annorlunda ut. Då var hon inlåst på en psykiatrisk slutenvårdsavdelning, då vårdades hon mot sin egen vilja. De fyra väggarna skiljde henne åt från resten av världen, men innanför de väggarna skapade hon en egen trygghet. För att överleva måste människan ha förmågan att anpassa sig, och det var precis det hon gjorde. Hon anpassade sig till en tillvaro som ingen människa egentligen ska behöva leva i. En miljö som bryter ner snarare än bygger upp och får en att komma

sina demoner så nära att de till slut känns mer naturliga
än allt det som finns utanför. Hon raderade alla spår av
sig själv, blev en främling i sitt egna skinn.

Hon skjuter ifrån sig en tom tallrik, ser på resterna av
det som var hennes lunch. Små smulor, det är allt som
är kvar. Allt känns annorlunda nu. Hon ser framför sig
ett tomt ark, hennes liv. Och inte på det sätt som säger
att nu står dörrarna öppna, framtiden är i hennes
händer, utan på ett sätt som får henne att ifrågasätta sin
existens. Det finns ingen sorg, inget tyngande täcke av
mörker, men det finns heller ingen glädje. Mest av allt är
det just det som präglar hennes liv, tomheten.
Avsaknaden av både det positiva och det negativa.
Avsaknaden av *något*. Det går inte att förklara med ord,
det är bara en känsla som äter upp en inifrån. En känsla
av att inte vara hel.

Alla pusselbitar borde vara på plats. Precis som de andra
säger så har hon hela livet framför sig. Framtiden är ett
oskrivet blad, och det kan bara bli bättre från och med
nu. Men hon har lagt ett pussel och varit så fokuserad på
att få ihop alla bitar att hon glömt bort sig själv. Pusslet
är lagt, men hon själv får inte plats. Alltid på
avbytarbänken, alltid allas andrahandsval. Hon är
iakttagaren, den som ser men inte syns, den som hör
men inte hörs. Bullret dämpas och skärpedjupet kortas
ner, konturer suddas ut och försvinner bortom hennes
räckvidd.

Ett barn skrikgråter, söker sig förtvivlat till sin pappa.
Hon väcks och dras ut ur bubblan, tillbaka in i

verkligheten. Allt är annorlunda nu, men hennes förflutna finns kvar. För samtidigt som hon försöker lära sig att leva i den riktiga världen lever hon också kvar i en parallell värld som bara hon kan se. Vart ska den sista pusselbiten läggas?

Två år tidigare.

För två år sedan flyttade jag in till min lägenhet på Södermalm. Där började mitt nya liv, åh vad jag hade drömmar och visioner om hur det skulle bli. Jag skulle lämna ätstörningen bakom mig och bygga upp allt det jag nånsin drömt om. Framtiden var ett oskrivet kapitel, jag var befriad från kedjor som höll mig kvar, i Norrköping, i Oslo. De städerna jag för alltid hade förstört. Idag är det två år sedan och jag försöker lista ut hur mitt liv har varit sedan flytten. Ingenting förändrades egentligen, utan det blev samma gamla visa bara i en ny miljö. Det känns som att jag har förpestat ännu en stad. Stockholm är förknippat med alldeles för många minnen från det som gör ont.

Jag sitter i restaurangen och tänker på att här, för två månader sedan, tog jag en överdos. Jag går på Hornsgatan, förbi en bar och tänker "där förändrades mitt liv". Jag sitter hemma i soffan och orkar inte röra på mig, det är som att någon lagt ett tyngdtäcke över mig. Jag minns alla de dagar som jag har spenderat i den lägenheten, i det rummet, i den soffan. Och jag inser att allt kanske inte är så svart eller vitt. Allt behöver inte vara förstört bara för att jag har dåliga minnen. För det finns bra minnen också, under dessa två år har mycket hunnit hända. Jag minns inflyttningskalaset jag hade då lägenheten fylldes av människor jag tyckte om. Jag minns alla bruncher jag gått på, alla personer jag mött och hur mycket jag har skrattat. Jag behöver inte flytta till en ny plats varje gång något går fel, för då kommer jag aldrig hitta tryggheten. Livet går upp och ner, och det är inget jag kan göra åt. Det jag kan välja är däremot att skifta fokus, från allt det mörka och in i ljuset.

Depression 2.0.

"Inte är väl jag deprimerad längre?" tänker jag och funderar på om jag kommer ta livet av mig. "Inte är jag väl självskadeberoende längre?" tänker jag och köper paket med steri-strip, bandage och knivar. "Inte är väl jag ätstörd längre?" tänker jag och går runt flera varv i matbutiken innan jag köper med mig lite godis som jag får debattera med mig själv om ifall jag vågar äta. Och jag inser att jag är allt det, fortfarande. Jag är bättre, men det betyder inte att jag är bra. För vilken frisk person googlar efter bra knivar och andra vassa föremål för att överväga vad som blir enklast att fixa, och vilken frisk person spenderar timmar varje dag med att ha beslutsångest över vad hen ska äta på grund av rädslan att slösa bort en måltid? Det som gör mest ont att tänka på är hur jag fortfarande inte kan vara ärlig med min familj, hur jag skäms över att det är såhär. Det verkar aldrig ta slut, och jag kan inte utsätta min familj för det här, jag kan inte gå igenom samma resa med dem igen.

I princip varje vaken stund fördriver jag tiden med att, alt 1: kolla på depression memes, alt 2: tänka på självskada, leta bilder och leta tips, alt 3: ligga i soffan och titta på tv-serie, avsnitt efter avsnitt utan att ens följa med i handlingen. Jag förstår inte varför jag inte bara kan ta mig ur den här dåliga cykeln. Välkommen till depression 2.0.

Adrenalinjunkie.

Jag känner mig ofta impulsiv. Jag känner mig trotsig, rebellisk, jag känner mig som ett barn. Det här livet, det är så uttråkande. Brist på stimuli, ingen spänning. Det är något i mig som hela tiden vill något mer. Jag vet om riskerna i det jag gör, jag hör när de andra gång på gång vill försöka påminna mig om att jag ska tänka långsiktigt. Men vad är poängen med att leva ifall det inte ens händer något?

Saken är den att jag är beroende av de där kickarna. Dag efter dag som passerar, jag känner inte att jag existerar. Det är en tomhet som slukar mig. Inte en tomhet som får dig att känna dig helt borta, helt apatisk och ingenting längre spelar roll, utan det är en tomhet som gör ont i själen. En tomhet som är hungrig efter något men du vet inte vad. Så jag splittras. Kvar finns bara fragment av olika personligheter och jag lyckas inte samla allt till en helhet.

Flashback efter flashback, jag rör mig mellan olika perioder. Tiden följer inte längre någon kronologisk ordning. Ena stunden känner jag mig rädd, jag är nitton år och jag vill inte att nästa dag ska komma. Jag vill frysa stunden precis där, så jag inte behöver dö, men heller inte behöva leva. Sedan kastas jag in i psykiatrin, poliser, ambulanser, tvångsåtgärder. Jag vill skrika "NEJ", jag vill inte förlora kontrollen över mitt liv.

Jag står på gatan, människor går förbi och jag ser dem, men jag känner inte deras närvaro. Känslan då PAMambulansen hämtar mig etsar sig fast och jag flyter in och ut ur minnet. Jag vet att jag inte är där, men känslan jagar mig och jag kan hamna där vilken stund som helst. Det är inte jag som har kontrollen.

Jag undrar om jag verkligen finns, men ingenting blir tydligare. I huvudet befinner jag mig helt och hållet inom världen som psykiatrin har skapat åt mig. Det är en labyrint bestående av diagnoser, instanser, behandlingar. Jag ser allting i min omgivning, men jag kan inte *känna* den. Kanske har jag fryst fast mig själv i den dagen för tre år sedan, åtminstone mitt psyke. Kroppen är tom och letar efter liv, och psyket har fängslats fast i den psykiska labyrinten, i ett försök att återförenas med kroppen. Splitter. Det är allt som kvarstår.

Ordets betydelse.

Ord. Ibland kommer det så naturligt för mig, som att orden flödar genom mig och jag kliver in i den här tankevärlden som jag annars inte har kontakt med. Det är knappt att jag själv vet varifrån det kommer, men plötsligt har jag en hel text framför mig. En naken sanning. Andra gånger däremot är det en ständig kamp, jag mot min hjärna. Det är som att jag sitter fast och jag lyckas inte ta mig någonstans. Varje ord jag lyckas dra ur och separera från den stora röran av hoptrasslade tankar, det tröttar ut mig. Det är en kamp bara att placera orden efter varandra i rätt ordning för att skapa en mening som går att förstå. Och jag blir frustrerad, för jag kan inte längre göra mig förstådd. Mitt enda medel för kommunikation har tagits ifrån mig, och jag ser på mina bara händer, oförmögen att förstå hur jag ska använda dem. Ord är som min superkraft, men de kan också bli min fiende. När tankarna glider ifrån mig, det är då jag inser hur viktigt skrivandet är för mig. Det är mitt sätt att synas, att höras. Det är mitt sätt att känna mig som en del av den här världen.

En text om ångest.

Det startar i bröstet och sprider sig till hela kroppen. Hela vägen, ända ut till fingertopparna och ner till tårna. Högerbenet åker upp och ner, skapar vibrationer längs med golvytan. Tankarna spritter omkring där uppe tankeverkstaden, lever sitt egna liv. Kroppen säger åt dig att springa, men du förblir helt handlingsförlamad. Med ett hjärta som slår i alldeles för högt tempo och lungor som kämpar efter luft. Det pågår ett krig, du mot dig själv.

Allt i kroppen skickar signaler fram och tillbaka, som ett ping pong-spel. En paradox. Kroppen varnar för en fara som inte existerar. För den enda faran är du själv. Vad du i ren desperation är kapabel till att göra, allt för att lugna ner stormen som du befinner dig mitt inne i.

Vart kommer impulserna leda dig denna gång? En liten metallbit kan bara hjälpa till en viss gräns. En handfull tabletter i ett försök att försvinna bort skapar bara ännu mer problem. Centralstimulerande? Hur långt är du beredd att gå? Med dina egna armar fulla av märken som en evig påminnelse om din smärta, och deras förtroende som gång på gång blir sviket tills det inte längre kan byggas upp. Det blir som en negativ spiral som blir allt svårare att ta sig ur. Men ditt huvud stormar, din kropp överstimuleras till den gräns att det slår gnistor. I allt kaos, när stormen är som värst, tappar du bort dig själv. Ingenting är verkligt och du tror att enda utvägen är det definitiva avslutet. Men du försöker ändå, för nånstans långt långt där inne finns en liten del av dig som vill leva. Så du försöker få slut på stormen, vad som än krävs. Det finns inte längre någon logik, det finns inte längre något konsekvenstänkande. Allt som finns är här och nu, och du gör allt för att överleva.

Triggervarning: om ett suicidförsök.

Jag trodde att mitt kapitel skulle sluta där. Inte bara kapitlet heller, utan hela boken. Boken om mig, boken om Linda. För ett tag där kändes det som att jag inte levde längre. Allt var svart, och jag famlade runt i det becksvarta mörkret i hopp om att hitta något jag kunde få ett grepp om. Något som skulle få mig att känna mig som en del av världen och något som skulle ge mig en stabil grund att stå på, eller åtminstone att luta mig mot. Efter samtal med behandlaren samt tre olika hjälplinjer tog det stopp. Jag finns inte jag finns inte jag finns inte. Orden upprepas i mitt huvud och tar form, likt röster. Väsande viskningar, en efter en, tills det inte längre går att urskilja dem från min egna röst. Jag försvinner. "Bara gör det, ta tabletterna, gör si och så." Allt direktiv är så tydliga och i min ensamhet är det det enda jag vet, att följa order. Det enda som känns tryggt att göra, så jag slipper ta beslut över mig själv. Jag överlämnar mig själv helt och hållet åt något annat, och det känns så befriande att bara släppa taget. Inuti skalet finns en oändlig tomhet, ett evigt ekande, ett barn som skriker. I allt högre frekvens, konstant stigande decibeltal i en exponentiell kurva, buller som överröstar allting. Pang! En smäll, ett evigt pipande och sen, tystnad.

Jag vaknar upp två dagar senare, iklädd landstingets kläder från topp till tå och med ett flertal sladdar kopplade till min kropp vars uppgift är att skicka signaler till en hjärtmaskin, övervaka mina hjärtslag. För så länge mitt hjärta slår är jag fortfarande vid liv. Jag minns ingenting mer än att jag genast försöker koppla ur sladdarna, en efter en. Darrande händer fumlar runt i det omtöcknade tillstånd kroppen befinner sig i, som en blind man i tät dimma. Min ena handled är omplåstrad, men ändå lyckas blodet sippra ut i kanterna. Ihopsydd på diverse ställen. Jag granskar mig själv, försöker komma loss. Kanske piper hjärtmaskinen till, reagerar på förändringen, för in kommer en okänd sjuksköterska, berättar att vi setts dagen innan men att jag nog inte mindes något. Hon har rätt, jag minns inget. Vilken dag är det? Onsdag kl. nångångpåförmiddagen. Tydligen har jag haft kontakt med dem, men jag minns inte. Tydligen var jag medvetandesänkt under ett dygn, men jag minns inte.

Ingenting spelar roll och jag ber snälla kan jag inte bara få bli lämnad i fred? Men de skakar på huvudet och ser mig i ögonen: "Om vi inte hade hittat dig så hade du troligtvis inte överlevt." Jag vet inte hur det är möjligt, men med dem orden ekandes i mitt huvud blev tomheten inom mig ännu tydligare. Jag brydde mig inte. Jag hörde vad hon sa, men ingenting spelade roll. Mitt val mitt val mitt val! Nej, deras val deras val deras val.

Svag och skör, ihopsydd, ipumpad antidot för att motverka den skadliga effekten av de läkemedel jag hade intagit två dagar innan, hålls jag fast i ett hårt grepp och leds ut mellan två starka polismän. Jag försöker inte ens ta mig ur deras grepp, för det är en kamp jag vet att jag skulle förlora. Väl på länsakuten väcks rovdjuret till liv igen. Jag står vid dörren, övervakar alla utgångar, redo att när som helst springa, så fort något öppnas. Någon går ut, spring fort som attan. Men jag kommer ingenstans, dörrarna är låsta i ett system som gör det i princip omöjligt att fly undan. Avvika. Jag placeras i ett eget rum, bort från alla flyktvägar. Jag, omtöcknad av mediciner och påverkad av tankar som talar till mig likt röster, vistas ensam i ett tomt, kalt rum. Ju mer motstånd monstret får, ju mer vill den fajtas. Jag letar alternativa flyktvägar. Rösterna är för starka och jag kan inte stå emot. Jag hittar ett snöre runt midjan på mina byxor, drar ut det och knyter det i en ordentlig snara som jag precis några dagar tidigare hade lärt mig hur man gjorde. En skötare kommer in och jag ställer mig snabbt mot väggen, händerna bakom ryggen. Ler snällt som för att be honom att gå iväg igen. Men han går inte, han kommer emot mig och vi brottas och jag fäktar med armarna för att han inte ska stjäla ifrån mig min sista utväg. Han, minst en och åttio lång, jag, en och sextiofem. Han lyckas rycka ifrån mig snaran jag precis knutit ihop, ilskan får mig att koka inombords. Monstret är argt. Jag är monstret. Monstret är jag. Jag sparkar till sängkarmen, allt vad jag har, och svär åt skötaren. LÄMNA MIG IFRED.

Vem är det som styr min kropp? Vem är det som styr mina tankar? Hör jag fortfarande röster? frågar den unga läkaren. Och jag svarar att nej det gör jag inte, mest för att jag inte orkar förklara mer. Egentligen har rösterna aldrig lämnat mig. Men jag släpps ut efter många om och men, ut i friheten. Ut i faran men också ut i världen där monstret inte är det enda jag har. Här ute i världen har jag fortfarande allierande, och här ute i världen kan inte monstrets väsande ljuda lika högt. Mitt hjärta slår fortfarande, och så länge mitt hjärta slår är jag fortfarande vid liv.

Me too.

Den natten
tog du ifrån mig
det dyrbaraste
jag ägde.

Vissa saker är svårare att skriva om än andra. Vissa saker inser man inte förrän en tid senare hur mycket och på vilket sätt det faktiskt har påverkat en. Men jag har varit med om vissa saker som jag förstår nu, flera månader senare, har plågat mig. Jag har inte velat skriva om det, för jag har varit rädd för hur folk ska se på mig, eller om de inblandade skulle råka läsa det jag skrivit och protestera att så var det inte alls. Nej nu överdriver du Linda, nej nu hittar du bara på.

Jag har under mina mer destruktiva perioder sökt efter bekräftelse från killar. Det händer ofta på tinder, ibland på facebook, instagram, ibland ute "i verkliga livet", på en pub eller i en park med några glas vin i kroppen. Man kanske tänker att det är rätt vanligt bland unga kvinnor, att det ingår i livet som ung vuxen och i resan att hitta sig själv. Men för mig är det annorlunda. Jag letar inte efter någon partner, jag letar inte efter något som jag vill ha. Mitt enda mål med jakten är att det ska skada mig. Så jag har tagit kontakt med män på nätet, män som är mycket äldre än mig. Ibland har män själva inlett en kontakt med mig utan att jag från början förstått varför, men när det blivit tydligare vad de är ute efter har jag inte stoppat det. Jag har låtit dem fortsätta. I och med min psykiska ohälsa har jag varit extra sårbar, och vissa män har då sett detta och dragit nytta av det. Men såhär har det inte alltid sett ut, utan det kom senare.

Den elfte december hände det något som har satt sina spår i mig. Jag träffade en kille på tinder, vi bestämde oss för att ses på en pub mitt på Söder utan att egentligen veta något som helst om varandra. Jag gick dit för att jag var nyfiken, men anledningen till att jag inte gick därifrån var för att jag var rädd. Rädd för att såra honom, men också rädd för jag visste inte hur jag skulle ta mig ur den situationen. Han köpte drinkar till mig, så fort innehållet i glaset tog slut fylldes det på med ett nytt glas. Jag tappade räkningen på hur mycket jag drack, men det hjälpte mig att slappna av. Och han ville veta allt om min psykiska ohälsa, sa att han skulle ta hand om mig. På något sätt hamnar jag hemma hos honom, sen hamnar vi i hans säng.

Jag har skuldbelagt mig själv för det som hände, och jag har begravt det djupt inom mig i ett försök att glömma. Men gång på gång tränger sig minnesbilderna på och jag känner sånt äckel varje gång. Jag var deprimerad och alldeles för full, han var tio år äldre än mig.

Kapitulera eller dö?

Det sägs att när man verkligen har nått sin gräns, då kommer vändpunkten. Som att man når fram till en vägg, och i sekunden man möter ytan skickas en impuls med sån kraft att ens färd helt och hållet byter riktning. Men hur många såna skiftningar i färdriktning klarar en kropp innan den blir uttömd på energi och förlorar sin kraft? Och även om kroppen orkar, hur många gånger tillåts den flänga fram och tillbaka innan spänningen mellan extremiteterna vibrerar så kraftigt att allt till slut faller samman, kollapsar?

Man tror att man är oövervinnerlig. Ett nyfiket barn som med vidöppna ögon lär känna världen till sin fulla vidd. Det finns en vakenhet, en naivitet, men som allt eftersom tonas ner och bleknar bort. Inte andra gången, kanske inte heller tredje gången. Men efter en tid väcks man ur sin hypnos till en kropp som sedan länge gått på reservtank. Blåslagen, med skador både på ytan och inuti. Man inser då konsekvenserna av ens handlingar, att allt man gör ger spår efter sig. Alla celler som, trots allt, jobbar för fullt för att hålla en vid liv, men hur många vändningar till kommer den att klara?

”Det som inte dödar en gör en starkare”, men inte betyder det att man gång på gång ska utmana ödet och sätta sitt liv i jeopardy. Att man har överlevt tre överdoser innebär inte att man med säkerhet kommer att överleva en fjärde. Alla substanser man fört in i kroppen, brännmärken och skärsår. Kroppen tar skada, det är en sak som är säker. Och med en obeslutsamhet som ständigt för färdriktningen i nya banor finns det inte utrymme att spilla mer energi. För tänk om man äntligen bestämmer sig att nu får det räcka, att härifrån är det en rak väg uppåt, tänk om även reservtanken då bestämmer sig för att den har gjort sitt? Energi kan inte skapas eller förstöras, utan den befinner sig i ett evigt kretslopp. Men vi är bara små, små delar av en oändlighet. Våra kroppar kan tömmas på energi. Och när kroppen blir så aggressivt destruktiv att den börjar attackera sig själv, då utgör vi en fara för oss själva.

Att kapitulera innebär inte att ge upp. Det handlar om att skapa tid för återhämtning. Tid som kan läka många sår. En retarderande hastighet skapar illusionen av mer tid som egentligen inte finns. Det skapas en ny värld, i luckan mellan nutid och framtid.

Frågan är, kapitulera eller dö?

"Tillräckligt allvarligt".

I journalen står det: *Komplex psykiatrisk problematik med längre tids depressiva besvär, flertalet suicidförsök och självdestruktiva handlingar.*

Ibland kan det kännas som att det krävs ett suicidförsök för att man ska bli tagen på allvar. Att man måste ha varit inlagd med tvångsvård för att det ska vara tillräckligt allvarligt. Det är en känsla av att vart man än är så slösar man på folks tid. Jag säger inte att psykiatrin gör fel och är inkompetenta (fast ibland har man faktiskt oturen att stöta på dessa personer också), men jag önskar att alla som jobbar inom psykiatrin och bemöter alla oss personer som mår så dåligt, att personalen där ska bli bättre på att validera en i samtal. Att man inte ska behöva känna sig som en utomjording när man försöker förklara hur dåligt man mår. Och det viktigaste av allt, att man inte ska behöva *visa* sitt dåliga mående genom destruktiva beteenden för att bli trodd på. En person som redan befinner sig på botten orkar inte fajtas för att göra sig förstådd och fatjas för sin rätt om att få vård, och speciellt inte när man redan känner att man inte förtjänar någon hjälp.

Det har hänt flertalet gånger att jag har blivit triggad av saker vårdpersonal sagt till mig. Många gånger är det nog inte brist på kunskap, och jag är dessutom rätt säker på att läkare inte har som avsikt att försumma en som patient. Utan jag tror att det snarare handlar om hur hjärnan tolkar allt. "Det är ditt val," fick det att låta som att de inte brydde sig om jag det hände mig något, men egentligen betyder det kanske att jag måste lära mig att ta ansvar och växa i min självständighet. "Du har mycket att leva för," betyder att jag måste lära mig att se det som finns utanför sjukdomen, att jag inte kan stänga in mig själv i vårdbubblan. För mina behandlare påpekar gång på gång att de inte vill se mig som en kroniker. Att de tror på mig och att de tror på att jag kommer att blomstra. Det är bara väldigt knepigt när hjärnan, under krissituationer, saknar den förmågan att resonera, och det blir så lätt att man tolkar fel.

Jag hatar dig, lämna mig inte.

I december 2018 gav läkarna mig en ny diagnos. Hela den här perioden har jag tänkt att det är något allvarligt fel på mig, att jag inte är som alla andra. Att ätstörningen inte velat släppa, att depressionen inte svarade på läkemedel som jag fått utskrivet. Kanske har jag fått ett svar på varför min psykiska ohälsa har varit så svårbehandlad. För under allt det här som syns på ytan finns en destruktiv sida som försvårar allt och får det här hjulet att snurra runt i sin evighetsbana. Det stavas borderline, eller emotionellt instabil personlighetssyndrom som det numera heter.

När min första psykolog berättade om diagnosen för mig så ville jag inte tro henne. Depression och ätstörningar, det är mer accepterade sjukdomar i samhället när det kommer till psykisk ohälsa. Även om det pratas mer öppet om psykisk ohälsa så finns det fortfarande kvar mycket skam kring ämnet. Det är skillnad på diagnos och diagnos. Ångestsyndrom, stressrelaterade åkommor, depressioner, panikångest, tvångssyndrom och ätstörningar, det är diagnoser som vi har accepterat, diagnoser som är okej att prata öppet om. Men hur gör vi när vi passerar den sköra linjen mellan vad som är okej och inte? Jag vet att det definitivt inte pratas lika öppet om diagnoser såsom schizofreni, eller antisocial personlighetsstörning. Åtminstone inte från den drabbades perspektiv. Det är också extra känsligt när det är diagnoser som rör ens personlighet, hur man som person reagerar på saker och ting, för då blir det svårt att skilja mellan diagnosen och individen.

Emotionellt instabil personlighetssyndrom är ett exempel på en sån diagnos, där det blir svårt att veta vad som är vad. Det finns så mycket fördomar och förutfattade meningar, till och med *inom* vården. Vi ses som manipulativa, farliga och uppmärksamhetssökande individer som inte kan litas på. Så fort jag fick min diagnos inskriven i journalen förändrades också sättet som jag blev bemött på av vården, och det gör mig så frustrerad och ledsen. Att komma till en slutenvårdsavdelning och personalen där börjar ifrågasätta ens beteende. Att känna sig ifrågasatt vart man än går, vilket bara förstärker känslan av otrygghet som i sin tur triggar igång alla dessa beteenden. Trygghet är a och o för mig, för att jag överhuvudtaget ska fungera ordentligt. Jag måste känna att jag har någon att lita på, att jag får behålla en del av kontrollen när det kommer till beslut som fattas och viktigast av allt, att jag har någon som stannar kvar hos mig så jag slipper vara ständigt rädd för separationer.

För mig väcktes symtomen till liv när ätstörningen togs ifrån mig. Jag tror att det är en kombination av att ätstörningen som tidigare maskerat allt som dolde sig därunder började försvinna bort, och den miljö som jag exponerades för i och med den intensiva vården i vilken jag kunde bygga relationer på annat sätt än vad jag gjort tidigare i mitt liv. De relationsproblem som EIPS ofta leder till syns allra mest när det handlar om personer som betyder väldigt mycket för en.

Men trots min nya diagnos känns allt inte helt rätt. Det är fortfarande något som saknas. Även om jag känner igen mig i stora delar av EIPS-diagnosen känns den inte helt och hållet som jag. Något känns inte rätt, men vad?

Tydlighet är trygghet.

En av mina största triggers är otrygghet. Det gör att jag konstant måste vara på vakt, att aldrig kunna slappna av. Aldrig kunna lita på någon fullt ut. För i vilken stund som helst kan planer ändras och vart ska jag då ta vägen? Otydlighet i kommunikation har skapat mycket problem för mig. Jag vill att all information ska gå via mig, jag vill veta exakt vad alla tycker om mig hela tiden, vad planen är, och det får gärna skrivas ner på papper. Annars lämnas det för mycket rum för egen tolkning. Min tolkning blir ofta helt fel.

Sen i januari har jag gått på Andreashuset i Stockholm, mottagningen för personlighetssyndrom. Jag har sedan min borderlinediagnos väntat på att få någon form av behandling, men en misstanke om en neuropsykiatrisk funktionsnedsättning har saktat ner processen. Jag måste genomgå ytterligare en utredning innan något annat kan göras. När jag aldrig ställdes i kö för någon behandling utan det hela tiden blev uppskjutet ökade min självdestruktivitet, det blev ett sätt för mig att ta hand om mig själv, ett sätt att undvika att bygga upp ett hopp som kunde raseras och därmed minimera risker. Det var så jag resonerade.

Egentligen var det aldrig vården som hade svikit mig den här gången, istället var det jag som svek mig själv. De hade aldrig struntat i mig, slutat bry sig om mig. Anledningen till att min utredning ständigt skjuts upp är på grund av min instabilitet. När kriser uppstår måste man lösa krisen innan man kan gå vidare och tänka på det långsiktiga. Genom att jag hela tiden har placerat mig i kriser har vi därmed aldrig kunnat gå vidare till nästa steg. Så de berättade aldrig om någon plan för mig, för de väntade på att jag skulle bli tillräckligt stabil. Men jag, jag feltolkade och bestämde mig för att lita mer på mina tolkningar än deras ord och handlingar, så jag började förbereda mig på att bli lämnad. Genom att själv lämna.

Tydlighet i kommunikation underlättar. Det rådde aldrig några tvivel från mitt teams sida om jag skulle få gå kvar eller inte. De har nu berättat att de vill stabilisera mig först. Så att jag är mottaglig för en eventuell behandling när den väl startar igång. Så jag slipper slösa bort en behandling och behöva börja om från början igen. Jag måste bli mer stabil. Och bara att veta det gör mig lite lugnare. Vi jobbar i ett team igen. Det är inte jag mot vården. Det är vi tillsammans mot min psykiska ohälsa.

Del 6

Dagboksanteckningar

20/11/18

Jag slutar med mina antidepressiva. Från maxdos på 200 mg per dag går jag till ingenting. Jag vet att det inte är ett smart beslut, jag vet hur skadligt det kan vara att göra såhär. Men jag gör det ändå, och kanske är det just därför jag gör det. Jag letar efter nya sätt att skada mig själv på.

22/11/18

Jag står vid tågspåret. Det är mörkt ute trots att klockan inte ens är åtta på kvällen. Ett fåtal människor passerar mig där jag står under en gångbro, ingen ser åt mitt håll. Jag tar ut en cigg, tänder den och ställer mig vid stängslet. Kylan biter i kinderna och jag börjar tappa känseln i mina fingrar. Men inget av det spelar någon roll, för inuti mig brinner det en eld. Jag vet inte vad det är, men något med den här stunden får mig att känna ett slags lugn. Månen lyser likt en strålkastare ikväll och det känns som att den lyser rakt på mig. Är det fullmåne? Jag ser upp mot himlen, letar efter Karlavagnen. Tidigare under dagen hade jag målat upp bilden av min sista kväll, och allt stämmer in. På något sätt känns det som att det är meningen, allt som händer ikväll. Jag är redo. Ett tåg kör förbi och jag kan nästan ta på det, det känns så nära. Nånstans kan jag höra omvärlden, folk som kliver av och på bussar, folk som troligtvis är på väg hem efter en dag på jobbet. Jag ler för mig själv. Allt det känns så långt borta, jag iakttar omvärlden men jag känner mig inte som en del av den. Om de bara visste vad som for igenom mitt huvud i detta nu, men hur skulle de kunna göra det. Ingen vet.

Jag tar några steg längs det skyddsgaller som ska skilja grusvägen från tågspåret och röker på min andra cigg. Jag ser ett hål i stängslet en bit bort, tillräckligt stort för att jag ska kunna ta mig igenom det. Hjärnan skickar impulser till kroppen att göra det, att krypa igenom hålet och ta mig till andra sidan. Jag tänker på samtalet med min psykolog tidigare idag. Jag tänker på resan till LA som mina föräldrar har lovat mig nästa sommar. Jag tänker på min familj. Varför ska det vara så svårt att fatta ett beslut? Vad jag än väljer kommer ångesten som en käftsmäll. Jag skäms för att jag återigen väljer livet, jag skäms för att jag inte bara kan ta steget. Ikväll är det depressionen som talar.

Jag vill inte leva, men jag vet inte om jag är redo att dö än.

Det var länge sedan jag kände det så starkt. En önskan att avsluta livet. Hela dagen har jag gått runt med ett enda stort virrvarr i huvudet. Jag har känt en sorg över alla jag behöver lämna. Men jag är så säker på att det är enda sättet. Ifall den här textsamlingen en dag publiceras lär jag ångra mig att den här händelsen ens finns nedskriven, men samtidigt är allt detta en del av min historia. Det går inte rakt uppåt, det går inte rakt åt något håll alls. Ett steg fram, ett steg tillbaka. Jag ville att sommaren och hösten tjugoarton skulle bli den sista pusselbiten, där allt föll på plats. En historia om hur jag tog mig upp ur mörkret, en historia med ett lyckligt slut. Sanningen är den att jag vet ingenting om slutet, för jag är fortfarande mitt i det. Hur mycket jag än vill säga att incidenten i höstas var allra sista gången depressionen hade en så stor makt över mig så kan jag inte det. Det vore inte rätt. Det vore inte att berätta min sanning, utan det vore att berätta den förskönade versionen. Hur jag vill att det skulle sluta, och hur jag vill att andra ska se på det hela. Det har jag gjort i alldeles för många år. Jag vet inte vart jag kommer att hamna i slutändan, men det jag vet är att kampen mot psykisk ohälsa aldrig är en rak väg.

25/11/18

Varför är jag suicidal i perioder? Det är dessa jävliga impulser. När jag saknar kontroll över allt annat, så ger det beslutet mig en känsla av full kontroll. Ingen kan ta ifrån mig kontrollen över mitt liv, hur jag väljer att det ska ta slut. Och döden är en del av livet, så varför säger de att jag får leva mitt liv hur jag än vill när de gör allt för att hindra mig från att avsluta det?

Ni säger att det är upp till mig. Att jag ska få göra exakt vad jag vill med mitt liv. Från dagen vi föds börjar resan mot döden, det är en oundviklig del av livet. Om jag sa, jag säljer allt jag äger och blir bonde, skulle ni stoppa mig då? Kanske skulle ni säga att det låter som en dålig idé, att jag ska tänka över det en extra gång och att det kanske inte är det klokaste beslutet. Men om jag sa att det skulle göra mig lycklig? Hade ni inte låtit mig göra det då?

Om nu jag får göra vad jag vill, att jag ska lära mig att inte påverkas av andras ord eller styras av andras åsikter, allt jag gör ska vara för min skull, då har ni ingen rätt egentligen att säga emot när jag väljer att avsluta mitt liv. Det är det som är det bästa för mig. Om jag ändå inte ska bry mig om vad andra tänker angående mitt beslut, det är mitt liv och då är det min rätt att välja när det tar slut. Är det inte så? Alla dör ju ändå nångång.

26/11/18

Jag läser anteckningar från de senaste dagarna. Meddelanden med vänner, med stödchatt, med diverse olika personer på nätet. Hur kunde det gå så utför på så kort tid, men sen så minns jag. En vecka har gått sedan jag slutade med medicinen. Ett abrupt avslut. De avrådde mig från att göra det, de bad mig att åtminstone rådfråga med psykolog eller läkare, men jag lät bli. Jag gjorde på mitt sätt och nu får jag betala för det. Samtidigt ler jag inombords över det helvete jag lever i, för jag förtjänar det.

Jag märker att jag är överallt och ingenstans. Mitt mående går från topp till dal snabbare än någonsin. Tydligen märks det också utåt. En vän skrev till mig att hon ser hur jag spårar igen. Jag går från att ena stunden vara hyperenergisk till att vara suicidal till att vilja hjälpa folk och skapa projekt på projekt till att publicera bilder och texter där jag bokstavligen talat skriker efter uppmärksamhet aka hjälp. Kreativiteten flödar som bara den, men jag är så nära till mina känslor igen. Det är så jävla befriande att kunna känna igen, för jag är trött på att känna ingenting. Jag trodde inte att medicinen hjälpte, men tydligen fick den mig i balans.

Jag blev avstängd och kände en slags obeskrivlig tomhet. Nu däremot lever jag igen, men det betyder också att jag befinner mig i större fara. För min definition av att leva är att hela tiden riskera att dö.

Det är som att jag rebellerar mot mig själv, mot allt som är jag. Jag går emot allt vad den Linda jag vet om står för, raderar alla spår efter henne. Kanske försöker jag förbereda dem, jag förbereder dem på det som kommer att ske, så att de inte ska sakna mig sen.

27/11/18
Vad står nu på min nyårslöfteslista?
- sluta röka
- sluta dricka
- sluta kräkas
- sluta skära mig själv, bränna mig, skada mig på något sätt
- sluta hoppa över eller ta för mycket av medicin
- sluta skada kroppen
- sluta utsätta mig för faror
- sluta vara reckless
- sluta svära så jävla mycket

Hur fan ska jag lyckas med allt detta? Jag har satt mig i klistret, för det här blir en helvetes jävla resa att ta mig ur. Alla destruktiva mönster jag har levt i det senaste året. Allt detta självhat jag har byggt upp och förminskande av mig själv och mitt värde att jag helt och hållet har slutat bry mig om min hälsa. Jag vill inte ens må bra, för självdestruktiviteten är allt jag har kvar. Det ger mig kickar, jag känner mig hög på något märkligt vis.

Oövervinnerlig. Tidigare var det ätstörningen som fick mig att känna så, men nu är ätstörningen bara en sten i bagaget som jag inte tycks bli av med. Den ger mig ingenting men jag vet inte om jag ens orkar bli av med den. Istället utsätter jag mig själv för olika risker för att känna mig levande. Kanske verkar det motsägelsefullt, kanske kommer det här inte alls verka vettigt när man läser det i efterhand, men för mig är det den enda logiken jag har just nu.

Jag vill inte må bättre, för jag är redan alldeles för trasig för att det ens ska gå att lappa ihop. Ändå stannar jag kvar i livet och försöker, ändå är jag så rädd för att vården ska lämna mig, för nånstans finns ett hopp som inte är helt släckt än. Jag gör dumma saker för att jag inte ska behöva välja vården själv, utan för att de ska ta tag i mig och ruska liv i mig. Jag är inte rädd längre, så antingen leder det destruktiva mig till tvångsvårdande eller döden. Och vilket det blir spelar ingen roll. Jag kunde inte bry mig mindre.

3/12/18

Jag tänker inte, jag styr inte längre min kropp. Från matbordet går jag till sovrummet och plockar fram den ask där jag har min medicingömma. Utan en tanke på konsekvenser tar jag ett par stycken och sväljer dem. Jag räknar dem, en till, en till. Det blir femton stycken. Min ordinarie dos ska ligga på två tabletter, och jag hade inte tagit något alls på två veckor.

4/12/18

Jag vaknar och känner mig tung i hela kroppen. Först undrar jag om jag faktiskt lever eller inte. Hjärtat rusar och jag tar mig släpandes till toaletten. När jag kommer tillbaka till sängen och försöker somna om börjar jag tappa kontrollen över mina armar och händer. De skakar okontrollerat. Jag tar upp min mobil och försöker skriva ett meddelande men jag ser knappt skärmen för det blixtrar framför ögonen. Då kommer ångesten, att jag ska tappa kontrollen över hela min kropp. Jag går ut till vardagsrummet där mamma ligger sovandes på en madrass. Hon bor med mig nuförtiden. Jag håller ett hårt tag om min mobil och överväger att ringa 112, men jag vill inte att mamma ska få reda på det. Det var ett dumt misstag och jag hade inte alls planerat hur det skulle bli. Jag skulle egentligen jobba heldag idag. Inte kan jag bara skippa jobbet utan förvarning, de måste ju undra. Ingen får veta. Jag skäms så över det jag har gjort, både att jag gjorde det och att det var en såpass liten dos. Mest skäms jag för att jag nånstans ville dö, men rädslan tog över och fick mig att backa undan.

112 kommer med ambulans och mamma är medveten om hela situationen. Jag börjar ångra att jag ringt till SOS, för det var inte ens allvarligt. Vården kommer aldrig ta mig seriöst nu. De tar prover och säger att värdena ser bra ut, och jag skäms ännu mer.

Storasyster får reda på nyheterna och kommer till mig senare under kvällen. Hon utstrålar så mycket kärlek och skammen och skuldkänslorna släpper för en stund. Jag får åka med henne hem, så att jag skulle kunna få spendera natten i hennes lägenhet som hon delar med sin man. Väl hemma i lägenheten tappar hon upp ett bad åt mig och jag säger inte emot. Jag har inte badat på flera år, jag känner mig så exponerad. Min kropp. Jag ser mina lår, min mage, vecken som bildas när jag sätter mig ner, och jag ser mina armar som är fulla med små rosalila streck. För första gången ser jag mig själv i helhet. Förlåt kära kropp, förlåt för att jag har skadat dig så mycket.

Det går en dag, sedan börjar det om igen. Den här gången kommer den med full kraft, självhat och destruktivitet. Jag dricker sprit i min ensamhet, jag röker två cigg åt gången, jag hetsäter och spyr varje dag, ibland flera gånger per dag. Jag tänker på döden varje vaken stund, och även när jag sover drömmer jag om den. I min dröm tar jag livet av mig, och sen vaknar jag upp till verkligheten igen. Vilken mardröm kanske ni tänker, men för mig är verkligheten den mardröm jag behöver vakna upp till.

Jag börjar bli desperat, hela tiden söker jag efter mer. För jag känner mig uttråkad på livet, uttråkad på att känna ingenting, och det destruktiva är det enda som kan få mig att känna åtminstone något. Och något är så mycket bättre än inget.

11/12/18

Tre gin&tonic senare och vi går hem till honom. Jag vinglar redan, jag har inte behållt någon mat på hela dagen så alkoholen fyller hela kroppen. Han leder mig genom Söder, genom julbelysningen i gamla stan och upp till hans lägenhet. Han ger mig en öl och vi sätter oss på soffan och hånglar. Vilket vidrigt ord, hångel, och vilken vidrig handling när jag tänker på det nu i efterhand. Allt jag tänker då är: är det såhär det ska vara? Jag njuter inte av det alls. Jag kommer ihåg att jag börjar känna mig illamående.

Han för mig till sängen. Vad gör jag vad gör jag vad gör jag? Men han frågar om det är okej och jag nickar. Eller gör jag det?

Han stannar upp, jag andas ut och tänker att det kanske är över. Vi går till soffan och röker. Han fortsätter att kyssa mig och jag vågar inte säga emot. Jag skäms över mig själv och vill bara att han ska acceptera mig. Jag säger att jag måste hem, men han drar mig iväg till sängen igen. Jag vill inte men jag vågar inte säga det.

Han drar av mig mina kläder, säger att jag är fin. Han smeker mina ärr. Sen försöker han igen, visar mig hur jag ska göra. Han tittar på mig och ler medan han tar fram kondomen, sätter på den. Han försöker flera gånger. Allt jag minns är att det gör ont och jag får panik. Jag stelnar i hela kroppen men när han frågar mig återigen om det är okej så svarar jag inte.
Jag kan inte.
Så han tar i.

Det gör så ont.
Är det såhär det ska vara?
Jag mår illa, jag vill bara hem.
Snälla snälla.

Lukten av rök påminner mig om honom. Hur hans mun letade sig till min och hans rökiga andedräkt fastnade på min tunga. Jag klarar inte av att röka längre. Blå camel, det rökte vi båda, men jag kan inte längre. Oönskade bilder fastnar i min hjärna och spelas upp gång på gång, och jag mår illa igen. Jag hatar killar.

Dagarna därefter minns jag knappt.

18/12/18

Mina minnen är oklara, som att det ligger en tunn hinna över dem. Dagarna flyter in i varandra. Artonde december, mindre än en vecka kvar till jul, och jag sitter fast på en sluten psykiatrisk vårdavdelning. Tvångsvårdad, mot min vilja. En läkare har bestämt det åt mig, att jag måste stanna kvar här, för mitt eget bästa. För tydligen vet andra personer vad jag behöver bättre än vad jag själv gör. Fyra dagar tidigare tog jag min andra överdos på bara någon vecka. Även den här gången hämtade ambulansen mig och tog mig direkt till SöS. Den här gången lyckades jag inte tala mig ur det och jag blev istället skickad med vårdintyg till psykiatriska länsakuten S:t Göran. Jag minns inte ens vad jag har berättat, jag minns inte vad som är dröm och vad som är verklighet. Jag är yr och illamående, och jag kämpar för att ens orka hålla ögonen öppna. Det jag vet är att jag flyttas därifrån till en observationsavdelning för att sen flyttas vidare till Gubbängen. Vårdintyget blir underskrivet och jag är alltså från och med den stunden inlåst på obestämd tid. Det avgör läkarna, när jag får lämna avdelningen. Min frihet tas ifrån mig.

31/12/18
Nyårsafton. Jag hade sagt att årsskiftet innebar slutet, att år tjugonitton så finns jag inte mer. Det är så mycket tankar som cirkulerar i huvudet. Jag är säker på att det kommer att ske, precis så som jag skrev det i min haiku som sköterskan bad mig skriva första dagen jag kom hit till avdelningen.

”Jag låg på spåret
bara stjärnorna såg mig
och jag väntade”

Jag ser det framför mig så tydligt, och jag ler när jag tänker på det. Snart finns inte jag mer. Allt jag ser är hur ljuset blir större, starkare, och tillslut upptar det hela mitt synfält. Jag försvinner in i ljuset, blir ett med jorden.

Redan på kvällen är stämningen på avdelningen spänd. Man känner hur ångesten trycker över oss alla. En medpatient får en ångestattack som kräver hela personalstyrkan för att kunna återfå kontrollen, och sen är bollen i rullning. Det blir lätt så på en psykiatrisk avdelning där så många som bor under samma tak mår dåligt. När något händer så förändras atmosfären i hela rummet. Jag känner mig helt och hållet osynlig mitt i allt som händer. De vet om att det är "min dag" idag, de vet om att jag mår dåligt, men ingen hinner med mig just nu. Och min sjuksköterska har slutat prata med mig.

Sent på kvällen kommer han in till mig på rummet och för första gången ser jag inte längre den omtänksamma gulliga person som alltid varit som min kompis, utan nu är det en hård och rak person som pratar och jag skyggar undan. För att skydda mig själv sätter jag upp muren mellan oss, jag stänger av mina känslor och går mot allt han säger. "Linda, nu är du bara destruktiv." Ja, okej, släng ut mig, skit i mig, bry er inte om mig då! Han sitter kvar en stund och ser på mig medan jag blänger tillbaka på honom. Till slut reser han på sig och skjuter iväg stolen, friktionen mellan stolsbenen mot det slitna golvet skapar ett oljud som gör ont i öronen, och jag tänker att nu har jag förstört exakt allting.

Natten kommer, det som ska vara ett party blir till något helt annat. Tårarna tar aldrig slut, självskadetankarna är för starka och personalen tvingas ta till tvångsåtgärder. Total rannsakan av rummet och en grundlig kroppsvisitering i jakt efter föremål som kan anses vara en fara för min säkerhet. De tar bort sladdar, väska med remmar, snören, skruvar som jag samlat och skosnören. Men det stoppar mig inte, jag fortsätter sökandet efter nya redskap jag kan använda mig utav. Jag ser inte längre inredning, adventsljusstakar, rum där man kan vara ifred och rum där man kan vila. Allt jag ser är möjligheter. Till och med nätet på pingisbordet som alltid står vid ingången och ser så oskyldigt ut. Jag känner mig som en brottsling.

Men de är för många, och jag är ensam och svag. De upptäcker mina planer och jag tas ifrån allt jag lyckas samla på mig. Aldrig lämnar de mig ifred. Jag kommer inte kunna vinna den här kampen, inte idag.

Den natten sover jag, trots två imovane, i princip ingenting.

3/1/19

Dagarna efter vet jag inte längre vad som händer. Det är som att jag försvinner och kvar blir mitt inre monster. I samband med att min sjuksköterska försvann så försvann min trygghet på avdelningen. Det känns som att jag svävar runt men aldrig riktigt lyckas ta mig ner på marken. Jag är i konstant fara.

Hjärtat slår allt snabbare, pulsen dunkar i bröstet. En tanke som blir så stark att den tar över. Jag sitter vid dörren och ser på alla som går in och ut. Jag väntar på att någon ska göra en miss, och inte långt därefter kommer den. Dörren slås upp och jag ser hur dörröppningen står helt fri. "Spring ut! Fort som fan!" Hjärnan har gett order, min kropp drivs av rushen av adrenalin och benen tar fart. Jag springer ut genom dörren, ut genom två till dörrar och ut i snön. Jag känner knappt av kylan, allt fokus ligger på att springa härifrån så fort som möjligt. Med bara strumpor på och tröja i minusgrader tar jag mig till tunnelbanestationen. Fötterna är blöta och jag måste stanna till för att hämta andan. Fan vilken dålig kondition jag har fått. Det är knappt att kroppen bär längre.

Jag står utanför spärrarna och ser mot tågen. Medan jag står där hinner tankarna lugna sig och jag står fastfrusen i samma position, ambivalent till hur jag ska gå vidare. Tankarna säger åt mig att ta mig ut till spåret och hoppa framför nästkommande tåg, men kroppen är orörlig. Jag känner mig helt handlingsförlamad och ångesten gör det ännu svårare att fatta beslut. Egentligen vill jag ju inte dö.

Jag vet inte hur länge jag står där, men polisen kommer och hämtar mig och kör mig tillbaka till avdelningen.

"Självskadepatient-identitet", så skriver de i min journal. Läkaren menar att allt jag gör är för att förstärka den självdestruktiva identitet som vården har skapat. Rymningsförsöket var bara ett sätt för mig att visa dem att jag menar allvar med mina självmordstankar. Kanske stämmer det, kanske inte, men jag ogillar starkt när de drar en massa slutsatser *om* mig som de inte ens diskuterar *med* mig. De jävlarna känner inte mig för fem öre.

* * *

På en månad hade jag överlevt tre suicidförsök. Efter tre veckor börjar min syn på vården förändras. Istället för att se dem som fiender, de som försökte ta ifrån mig min bästa vän depressionen, börjar jag lyssna på dem. Jag hjälper dem att hjälpa mig. Jag inser att jag har fastnat i dumma beteenden för att jag är rädd för att må bra. Mina beteenden har drivits av tanken att "jag ska inte få må bra". Det blev nästan tvångsmässigt hur jag kände behovet av att skada mig, hur jag såg mig själv dö hela tiden. Egentligen handlade det inte om att jag *ville* dö, men jag kände mig tvungen att välja den vägen, som att det var mitt öde och att det inte gick att ändra på. På sätt och vis ser jag det också som att jag dog den där dagen, tredje januari, vid tågspåren. Jag dog och föddes igen på nytt.

10/1/19

Det var något med atmosfären idag. Från stunden jag kliver in i kyrkolokalen möts jag av en sån kärlek. Det är som att jag ser allt med nya ögon. Under mötet är det en mening som fastnar hos mig, det kommer som ett slag mot bröstet: det där är jag.

Jag behöver inte gå till psykolog, jag behöver ingen terapi. Allt är ju bra nu. Men nu ska jag alltså behöva gå till en ny mottagning och lära känna en ny psykolog för att prata om saker och ting som jag inte ens besväras av längre.

26/1/19

Nästan tre veckor hade gått, tre veckor utan självförvållad skada på kroppen. Men igår bröts den perioden av renhet och idag igen. Jag är nersmutsad. Återigen vet jag inte vad jag behöver göra för att må bra igen.

27/1/19

Ångesten. Det är tungt att andas. Varje andetag känns
som en virvelvind i bröstet, hjärtat. Jag trodde allt skulle
bli bättre när depressionen lättade, men nu vet jag inte
längre. För vad är egentligen värst, depression eller
ångest? Tidigare har depressionen varit så stark att
ångesten kunde dämpas, den doldes i det mörker som
jag ständigt befann mig i. Orkeslösheten fick ångesten
att backa ett steg. Men nu, istället för att vara avtrubbad
och helt likgiltig inför livet ligger där en ständig oro. Jag
får aldrig vila, utan kroppen är på helspänn, beredd att i
vilken sekund som helst behöva fly. Men fly från vad?
Det är så uttröttande att aldrig känna sig trygg, men inte
ha någon som helst aning om vart den tryggheten finns.

29/1/19

Jag vet inte vem jag ska vända mig till när jag behöver
något, och det är nog det som känns mest skrämmande i
stunden. Jag hittar ingen ny person som kan ersätta min
gamla, en så kallad "favoritperson". Och jag behöver
hen så mycket, för jag kan inte känna mig hel annars.
Någon som kan komma och fylla igen det hålet inuti
mig. Det är som att det hela tiden är något som saknas i
mig. Jag undrar hur länge jag kommer att hålla ihop den
här gången innan jag går sönder.

Röksmaken i munnen växer och nästan kväver mig. Jag
slängs tillbaka i tiden, till den händelsen. Bilder som jag
aldrig mer vill se har etsat sig fast i näthinnan och
känslor jag helst vill glömma gör sig påminda. Det är
som att ingen tid har förflutit, trots att det har gått

femtio dagar. Snarare verkar det som att obehaget växer för varje dag som går.

2/2/19

Otillräcklig. En känsla av att hela tiden vara på jakt efter något ouppnåeligt. Det är en stressande obehagskänsla i hela kroppen, musklerna på helspänn. Jag har börjat hetsäta igen. Inte okontrollerat, men tillräckligt för att ångesten ska skjutas upp ännu ett steg. Snart klarar jag inte mer, och jag imploderar. Tre, två, ett. Det är bara en tidsfråga om när det sker.

5/2/19

Kroppen växer sig större för varje dag som går. Rädslan sitter i kroppen och känns paralyserande. Samtidigt är orkeslösheten ett faktum och jag orkar inte göra något åt saken. Jag orkar inte svälta mig själv mer, jag orkar inte spy, jag orkar inte träna. Men den här ångesten kommer att ta död på mig.

8/2/19

Den lilla biten metall mot min hand. Det känns befriande på något sätt, som att allt lättar och jag kan äntligen andas igen. Som när en flaska fylls, pumpas med så mycket luft, och tryckkraften mot väggarna blir allt starkare. Till slut kommer flaskan att spricka, men innan man når den där bristningspunkten skapas ett hål och luften kan försvinna ut. Trycket jämnas ut och återgår till ett normaltillstånd. Ångesten kan få pysa ut.

Flaskan är märkt för livet, men den är fortfarande hel. Mina ärr visar alla de gånger då det har känts som att jag ska gå sönder, men jag reser på mig igen och går vidare.

12/2/19

Det börjar gå utför igen. Jag känner igen alla tecken. Min psykolog, han lyssnar på mig och bekräftar mig, hjälper mig att berätta om sånt som jag inte berättar för någon. Det är farligt för jag vet att det inte är sannolikt att vi kommer att jobba ihop särskilt länge till och det triggar mig till att fortsätta med dumma beteenden.

19/2/19

Vi pratar självskadebeteende. Jag försöker förstå varför jag egentligen skadar mig, varför jag känner det behovet. Det är en impuls som blir så stark att jag inte kan ignorera den, för den bankar och slår tills den blir lyssnad på. På slutenvården trodde läkarna att det var ett rutinmässigt beteende, vilket pekade på autistiska drag, och han sa detsamma idag. Jag vet inte varför jag blir rädd, för rätt diagnos innebär rätt hjälp för min del. Men det är något som skrämmer mig. Neuropsykiatriska diagnoser är en hel ny mark som känns främmande och obehaglig.

Jag vill skrika, men det gör jag inte. Min fasad av att vara den "duktiga flickan" är för stark och jag kan inte ens bryta mig loss från den även om jag skulle vilja.

Inombords däremot, där skriker jag så högt att det överröstar allt.

Jag är så arg på honom. Och jag känner mig kränkt, sårad. Jag har äntligen börjat bygga upp ett förtroende för honom och nu raserar han allting. Ännu en som försvinner. Jag står här och ser hur person efter person kommer in i mitt liv bara för att sen försvinna och skapa ett ännu större hål i mig.

Det är inte en eventuell autism-diagnos som skrämmer mig, utan det är tanken på att bli lämnad igen och inte veta vart jag ska ta vägen.

22/2/19

Jag har börjat ta risker igen. På något sätt har jag känt mig arg på sistone, men självklart kommer det inte till uttryck utan jag stänger in allt inom mig. Passivt aggressiv. Jag blir lugn av att skära mig, och armarna är så fyllda av märken att jag inte längre vet vad jag ser på. Den här ångesten som hela tiden gnager inom mig. Samtidigt börjar jag ifrågasätta hela mig och undrar om det verkligen är ångest jag känner eller om det är något helt annat. Kanske förstår jag inte alls vad ångest är. Rastlöshet, brist på koncentration, flyktkänsla, andningssvårigheter och impulsen att kura ihop mig till en boll och skrika. Kanske är inte det ångest? Överdriver jag?

23/2/19

Jag försöker skriva. Ett nytt projekt. Förhoppningsvis orkar jag fortsätta ända till slutet, förhoppningsvis kommer jag att ha en färdig bok i slutet av processen. Fast det tvivlar jag på. Två timmars intensivt skrivande, sen tar det stopp. Skrivkrampen paralyserar mig och jag blir handlingsförlamad. I en tio minuters paus kommer ångesten krypandes. Jag får svårt att andas, svårt att fokusera. Ge mig en flykt från smärtan, vad som helst. Jag öppnar kökslådan, tar ut tre alvedon och sväljer dem i ett. Snälla sluta gör ont.

11/3/19

Och där slutade vår resa. Han lämnade över mig till en ny samtalskontakt. En psykoterapeut av kvinnligt kön. Jag kan tydligen inte hantera manliga behandlare, det är så de säger.

12/3/19

"Pat ringer för att säga förlåt. UT frågar varför hon säger förlåt, pat svarar "för att jag är som jag är" och hon undrar om jag hatar henne. Pat kan inte förklara mer vad hon menar."

Ångesten växer som en klump i bröstet. Jag får svårt att andas, svårt att tänka. Min kropp är fylld av för mycket energi som inte kommer ut men orkeslösheten lämnar mig kvar i soffan, orörlig. Jag imploderar snart och jag vet inte vart jag ska vända mig. Efter att ha blivit tillsagd att inte längre få kontakta min psykolog, att jag måste visa att jag kan vara mer stabil. Istället drar jag en lina, och så en till en kvart senare när jag inte känner tillräckligt. Jag känner bara hopplöshet och allt jag kan tänka på är att hamna på sjukhus eller prata med psykolog eller skada mig. Jag har hamnat fel i livet. Men jag vet inte längre vilken värld jag lever i, för varje sjukhusvistelse får mig att hamna i en annan dimension. Där jag tror att allt jag är är sjukdomen och att det enda som kan ta bort allt det som gör ont är det destruktiva. Samtidigt försöker jag dölja den här sidan för de som känner mig, för att de inte ska bli besvikna. Jag vet att de skulle bli besvikna om de fick veta hela sanningen om mig. Att jag mår dåligt är en sak, men att känna att jag vill förstöra mig själv är en helt annan. Det är mycket större. Och det skulle de aldrig acceptera hos mig. Så jag lever i två helt olika världar och jag hör inte hemma nånstans.

* * *

Med paniken i bröstet håller jag min mobil i ett krampaktigt grepp. Känslorna överrumplar mig, de har pressat på min allra största trigger. Övergivenhet. Jag vet innerst inne att min reaktion på situationen är överdriven, men jag kan inte styra det. Hjärnan går på högvarv, kroppen gör sitt. Jag ringer både min psykolog och receptionen, flera gånger. Tårarna tränger sig fram och jag andas stötvis, hackigt, min kropp krampar. Det går inte mer, jag orkar inte mer. Jag går in till apoteket, köper två paket alvedon och sväljer tabletterna en handfull i taget. Sköljer ner dem med en liten klunk vatten. Förlåt förlåt förlåt.

Men jag ångrar mig. Jag blir rädd för vad som kommer att hända, men vågar jag ringa efter hjälp? Det sista jag vill är att hamna på sjukhuset igen, men jag vill heller inte dö av paracetamolförgiftning. Jag vet hur smärtsamt det är. Leversvikt. Min hud kommer att bli gul. Herregud. Jag kan ju inte dö som Homer Simpsons.

På något sätt lyckas jag ta mig till Södersjukhusets akutmottagning, jag blir inlagd med dropp och jag ångrar allting jag har gjort. Jag minns meddelandena jag lämnade i min psykologs röstbrevlåda, och jag ångrar allting ännu mer.

13/3/19

Jag känner mig för frisk för att vara på en medicinsk akutvårdsavdelning, men ändå säger läkarna att jag inte får lämna. "LPT om patient avviker från avdelningen." Monstret river i mig, klöser på mig inifrån. Jag kan inte tvingas ligga kvar i en äcklig sjukhussäng och dessutom behöva dela rum med fem andra patienter, jag ska inte vara här.

Droppet går färdigt och jag drar bort nålen från min arm. Jag samlar ihop alla mina saker och smyger ut i korridoren, ut genom den stora dörren. Jag är fri. Men jag hinner knappt lämna sjukhusområdet när mobilen ringer, jag svarar inte. Den ringer igen och igen och efter fyra missade samtal trycker jag till slut på grön lur. "Om du inte kommer tillbaka kommer vi begära polishandräckning." Jag suckar. När ska de bara låta mig få vara ifred?

19/3/19

Jag får inte längre ta kontakt med min gamla psykolog, han som övergav mig. Ibland ser jag honom i korridoren och då väcks en intensiv vrede inom mig. Det är nog skammen och sorgen som känns för tung att bära, så den presenterar sig som ilska. Hat. Jag försöker undvika honom, eller så blänger jag på honom i korridoren. Jag har skrivit flera stycken brev till honom som jag aldrig kommer ge honom. Där förklarar jag hur mycket jag hatar honom. Egentligen känner jag mig bara extremt sårad.

21/3/19

Flashback efter flashback efter flashback. Min psykolog hjälpte mig att tränga undan minnesbilderna, men nu kommer de tillbaka.

25/3/19

Jag skäms så
när jag minns allt det
som hänt.
Och ännu ondare gör det
när jag tänker
att jag kunde ha gjort något
för att stoppa det.
Jag insåg inte då,
men det gör jag nu,
hur mycket det har påverkat mig.
Förstörd
Smutsig

Äckel
Och det går inte att backa tillbaks.
Ärren på min hud
är inte ens det som
Känns tydligast.
Det är ärren som finns
inuti
mig.

1/4/19

Orden rinner ifrån mig, och lusten likaså. Det är som att ingenting inspirerar mig längre, inte tillräckligt mycket för att jag ska orka lämna soffan som har blivit min trygghetszon. Mitt liv saknar mening, saknar riktning. Jag saknar gnistan som ska hjälpa mig komma vidare. För så som det är nu kommer jag ingen vart. Och även det frustrerar mig. Det är bara jag och mina analyser av världen, jag ser saker som är dåliga och saker som jag vill förändra, men jag gör ingenting åt det. Vad förväntar jag mig? Att det ska lösa sig av sig självt? Kanske skjuter jag ifrån mig ansvaret och använder ursäkten att jag inte kan ta hand om mig själv. Jag är så som jag är, och jag kan inte rå för mina beteenden. Men är jag verkligen så liten och hjälplös?

Om två dagar fyller jag tjugotre år. Tanken på min födelsedag skapar en del negativa känslor hos mig som jag inte kan skaka bort. För jag minns fortfarande hur jag, för tre år sedan, trodde att jag inte längre skulle leva, att jag skulle dö på min tjugoårsdag. Jag kan fortfarande inte avgöra om det var en rädsla eller dödsönskan, men jag vet att jag kände mig besviken när jag levde vidare. Ända sedan dess har jag känt mig tom. Det är som att en del av mig faktiskt försvann den dagen.

6/4/19

Jag tar på mig mina finaste kläder och sätter på smink som får mig att glittra. Med en självkänsla som befinner sig i botten av botten måste jag kompensera med allt jag kan hitta. Låt mig få glittra lite, bara för en kväll. Tomheten har gnagt i mig hela dagen och jag behöver distraktion. Jag behöver fly från mig själv.

Klockan är knappt åtta på kvällen när jag går mot baren, helt själv. Tinderkillen som jag tidigare hade bestämt träff med har jag ignorerat, och skuldkänslorna kryddar på ångesten ännu en nivå. Tanken på att inleda en hälsosam relation, träffa någon som kan visa sig vara pojkvänsmaterial, den skrämmer mig. Jag har för mycket att förlora. Så jag befinner mig själv inne på en bar i ett försök att dränka mina känslor. En gin&tonic. Jag ser runt på människorna runt mig och känner mig ensammare än någonsin. En till gin&tonic. Konturerna börjar suddas ut och min kropp känns lite lättare. Men inte tillräckligt, jag är fortfarande alldeles för självmedveten, och jag ser mig runt omkring, likt ett skärrat barn som har tappat bort sina föräldrar. De måste tycka att jag är så jävla patetisk. Jag *är* så jävla patetisk.

Han ställer sig intill mig och jag ser honom inte först. Vi hälsar och jag minns inte vad vi pratar om, mer än att han är femton år äldre än mig och att vi båda är ensamma där ikväll. Han bjuder på en drink och jag tackar inte nej till alkohol. Tredje glaset får min kroppstemperatur att stiga några decimaler och golvet under mig blir till bomull. Mjukt och fluffigt, jag svävar runt. Han säger något och jag bara tittar på honom och ler. Jag är inte intresserad av honom, inte ett dugg, men jag är intresserad av det han kan erbjuda mig. Som en riktig gentleman leder han mig till ett bord och vi beställer in tequila. Jag känner igen den behagliga värmen när spriten passerar halsen och försvinner ut i blodet.

Vid någon tidpunkt kliver vi ut i Stockholms nattliv. Jag minns bara hans tunga som tryckte sig mot min, hand händer runt min kropp. Ögonlocken känns tunga och min kropp är utmattad. Hela världen försvinner och jag låter mig fångas upp i hans famn med hans mun mot min, som om att livet hängde på det. Jag vet inte längre vad jag vill, kanske vill jag, kanske inte. Innerst inne vet jag att det här inte är jag, det är inte den jag vill vara eller den jag vill bli. Men vad spelar det för roll när allt runt om kring mig faller? För i den stunden så är det bara han och jag.

8/4/19

Jag lever numera i princip dagligen med ångest och tomhetskänslor. Tomhet. Det är som att allt innehåll saknas, och jag är bara ett skal. Det är som ett hål inom mig som jag försöker fylla och fylla men allt rinner bara igenom. Jag önskar att tomhet kunde betyda apati, för jag känner mycket hellre ingenting än den här smärtsamma tomheten som får mig att bli galen. Hur kan tomheten kännas så otroligt starkt, att den tar över allting? Precis som vilken annan känsla som helst exponeras alla celler i min kropp för den här känslan upphöjt till tio. Vän eller fiende, varför finns egentligen mina känslor?

Mina tankar flyger iväg, men samtidigt är det som att det står stilla. Jag letar efter ord som jag inte får tag på. En mening som hackas upp till små små beståndsdelar, ord för ord, konsonant för konsonant. Jag. Vem. Då. Eller.

Jag kan inte längre göra mig förstådd. Mitt enda sätt att kommunicera i det läget jag befinner mig i tas ifrån mig. Och kvar blir jag, helt hjälplös, med en frustration som växer i bröstet. För varje andetag jag tar känner jag hur andningen blir ytligare, snabbare, och jag förstår att det här inte kommer att fungera. Jag kommer inte att kunna lappa ihop min trasiga hjärna idag, jag kommer inte få ut allt det jag så gärna vill. Det som ligger över mig som en sten på flera kilogram och försöker trycka ner mig under marken. Jag inser hur viktiga orden är för mig, hur viktigt det är för mig att kunna göra mig förstådd. Och jag inser varför jag tidigare alltid har känt en sån frustration vid möten med diverse psykologer. Kan inte jag kommunicera, då avstannar kommunikationen. Det krävs ett flöde, ett utbyte av ord mellan parterna för att förstå varandra. Jag inser nu varför det är så lätt för mig att må ännu sämre efter ett psykologsamtal, för jag har så lätt att stänga in mig själv, i mig själv.

12/4/19

Jag har haft många tankar som jag försökt att bearbeta i min trötta hjärna, men jag kommer ingenvart. Det är som att jag bara går runt och runt i samma hjul, kommer fram till samma insikter om och om igen men inte blir jag klokare av det. Jag lever i en slags limbo, nånstans mellan psykiatrin och livet utanför. Jag befinner mig mellan två extremiteter, konstant hoppar jag mellan två plattformar, varandras motpoler. Hur ska jag förstå mig själv när hela jag är en motsägelse. Min existens är en motsägelse.

För nånstans ser jag på framtiden med en slags förväntan, men samtidigt tror jag inte på framtiden. Jag tror att jag lever mitt liv i psykiatrin, att det är där jag kan slappna av helt och hållet, men jag vill inte tillbaka till slutenvården. Aldrig i livet. Jag kan inte ta på världen runtomkring mig. En tunn hinna skiljer mig från omgivningen, och jag kommer inte i kontakt med den. Jag är där men inte där. Jag går igenom dag för dag men minns ingenting. Jag lever så mycket i mitt eget huvud, bland mina egna tankar, att jag tappar verklighetsuppfattningen.

När jag går ute på stan, passerar olika människor. Jag ser dem, men jag känner mig inte som de andra. Jag känner mig svävande, som att jag befinner mig i en värld där jag observerar båda världar, men ingen kan få tag i mig. Jag får inte tag i mig själv. Ser du hur jag svävar iväg?

13/4/19
Du fattar inte.
Fattar
ingen
ting.
Men lyssna då.
Varför fattar du inte
att du ska få mig att må bättre
och inte sämre.
Läs
mellan raderna.

15/4/19
Det är svårt att se förändringar när ens mående tenderar att svänga fram och tillbaka fortare än vad hjärnan hinner reagera. För visst kan jag överraskas av det mörker som ibland sköljer över mig, och visst kan jag ha svårigheter att förstå intentionen bakom mina handlingar eller impulser till handling. I min förenklade världsbild där jag kategoriserar allt i svart eller vitt, där jag delar världen i två, är det svårt att se några som helst framsteg. Varje dag som passerar utan några destruktiva beteenden får mig att tro att jag är helad, att jag inte längre behöver terapi eller behandlingar för nu är allt bra. Men sen kommer dagar då impulserna styr och jag ser mig själv utföra handlingar och tänka tankar jag trodde jag hade lämnat bakom mig för länge sen. Innebär det att jag återfallit? Jag antar att min hjärna är programmerad på ett sånt sätt att den söker efter den enklaste lösningen i alla lägen. Den enklaste, ja varför inte, men ytterst sällan är det den enklaste lösningen

som också är den mest logiska eller mest gynnsamma. Istället förminskar jag mina bra stunder, ser de som någon slags tillfällighet, medan jag anammar depressionen som om det vore min vardag.

Jag kan ändå säga att mina tankar inte alls är där de var under de sista månaderna av tjugoarton. Löftet som jag gav mig själv, att jag bestämmer mig för att leva, det ska jag se till att det kommer leva vidare. Och jag likaså.

17/4/19

Korta perioder av glädjerus. Sådär så att det spritter i kroppen och skrattet bubblar fram. Och jag välkomnar de här stunderna med öppna armar. Tidigare var jag rädd för lyckokänslor, för de kändes främmande och förbjudna på nåt sätt. Nu vill jag inget annat än att hitta tillbaka till den där explosionen av glädje som jag kan vara. Jag undrar hur det känns att vara manisk. Under mina toppar kan jag delvis närma mig den känslan, nästan snudda vid den, men jag når aldrig helt fram. Att vara helt uppslukad av en känsla som får dina fötter att lyfta från marken och ljuset följer dig vart du än går. Jag känner mig oövervinnerlig i de stunderna och tror att inget kan skada mig. Med det kommer självklart risker, men i stunden spelar det ingen roll, för jag känner mig så levande. Jag har under mina glädjetoppar gjort mycket som kanske varit mindre smart när man kollar på det såhär i efterhand, men att vara där är en känsla man aldrig glömmer. Livet kommer inte utan risker, och ska jag leva så kan jag väl åtminstone få göra det fullt ut.

19/4/19

Sen den där dagen för snart ett halvår sedan har jag fattat dumma beslut.

Jag har låtsas som att jag inte bryr mig.

Men egentligen bryr jag mig jättejättejättemycket.

Alldeles för mycket.

Det går inte att inte bry sig, men jag har inte velat se det så.

För om jag tar makten över historian så kan jag kanske göra om den.

Forma den.

Så att det inte känns lika mycket.

Det var bara en småsak.

Men varför fortsätter jag då i samma mönster, som att den gången satte grunden för hur det ska vara,

varje gång.

Hur jag ser på killar och hur jag ser på det intima.

Jag söker efter den destruktiva, dominanta typen

och avvisar dem som jag egentligen får känslor för.

För känslor är farliga och det ska inte gå till på det sättet.

Om jag inte känner något så kan jag inte bli skadad.

Men det skaver.

Allting

inuti

mig.

20/4/19

Det sägs att med tiden så läker alla sår. Ett brutet ben kan ta allt ifrån två till fyrtio veckor att läka. Våra kroppar är intelligenta på det sättet, att de fungerar som självläkande system. Skadad vävnad ersätts med ny och gamla sår blir till ärr.

Men hur läker man när man inte vet vart det gör ont?

22/4/19

Säg inte till mig att rycka upp mig. Säg inte till mig att det finns de som har det värre. Säg inte till mig att mina problem inte är riktiga problem. Säg inte till mig hur jag ska lösa min situation. Säg inte till mig att tänka positivt. Och säg inte till mig att jag har valt det här, att jag kan välja att må bättre och att det snarare är en attitydfråga. Det handlar inte om att bara rycka upp sig. Tro mig, vore det så enkelt hade jag väl gjort det för länge sen. Vill jag må dåligt för resten av mitt liv? Självklart inte. Men det tar tid att bryta negativa tankemönster som funnits där i så många år, och det tar tid att hitta en trygghet i sig själv. Jag har ofta bra självinsikt, och jag vet också att en handling ger konsekvenser. Men min hjärna är programmerad på så sätt att den vill få tag på de här snabba kickarna, och att ändra på det är något som kommer att ta tid. Ge mig tid att läka, tid att växa. Och under tiden så ber jag dig att finnas där för mig, att inte döma men istället validera mina känslor. Det är okej att jag känner såhär nu, det är okej att jag gör misstag, men jag försöker och gör mitt bästa.

23/4/19

"Vad kan göra dig lycklig?"

Jag vet inte.

"Varför är du så rädd för att tänka framåt?"

Jag vågar inte hoppas på lyckan, för tänk om jag dippar igen? Då kommer det att göra ännu ondare att veta vad det är som jag har förlorat.

"Men tänk om du faktiskt en dag kommer att må bra, och du känner dig trygg i dig själv så dalarna inte behöver kännas lika djupa och hopplösa? Ska du undvika lyckan, bara för att du är så rädd för att misslyckas? För om det gör ont igen, så vet du också att efter smärta kommer glädje."

Min största fiende är jag själv. Den som står i vägen för lyckan. Varför skapades jag med så mycket rädsla i kroppen? Ända sedan jag var liten har jag varit rädd. Rädd för vatten, rädd för mörkret, rädd för trånga utrymmen, rädd för karuseller. När jag blev lite äldre blev jag rädd för andra människor. Jag var rädd för att göra bort mig, rädd för att säga fel saker och rädd för att skämma ut mig. Sen blev jag rädd för ångesten, och rädd för lyckan. Det finns inte en enda stund då jag har varit helt fri från rädslan, för då är jag rädd för rädslan i sig själv. Och för att bli av med den har jag vissa stunder gått så långt i mina tankar att jag velat försvinna från den här världen, helt och hållet, men då blir jag istället rädd för döden.

Jag har låtit rädslan styra mitt liv när det egentligen är jag som borde ta kontrollen över den. Kanske skapades jag med så mycket rädsla för att jag ska kunna bevisa för mig själv att jag är stark nog att ta mig igenom den. Som man lär sig i kognitiv beteendeterapi så är det enda sättet att bli av med oönskade känslor att utmana dem. Kroppen säger åt mig att reagera på ett visst sätt, men rent intellektuellt sett vet jag att det inte är rimligt. Jag kan välja att skylla på omständigheter, att skydda mig själv genom att gömma mig där inget ont ska kunna komma åt mig, men jag vet ju egentligen att den enda som förlorar på det är jag. Så jag antar att kampen mot mig själv fortsätter.

24/4/19

Jag måste nog acceptera att det här kommer att vara en livslång resa. Kanske är jag lite extra känslig för allt sånt som har en påverkan på psyket. Jag måste acceptera att ätstörningen alltid kommer att finnas där nånstans och ligga på lur, redo att attackera mig då jag är som svagast. Det sägs att före detta anorektiker aldrig ska gå på diet igen, och att vi hela tiden måste vara försiktiga när det kommer till mat och träning. Samma sak tror jag gäller mina depressioner. När livets motgångar kommer upp till ytan måste jag alltid vara på min vakt, så jag inte låter mörkret sluka mig. Det är mycket som jag tror alltid kommer finnas kvar, som spår av det som en gång var. Men lösningen är inte att bara svälja och gå vidare. Därför fortsätter jag att skriva, för att tankar och känslor inte ska försvinna in under huden och växa där i det gömda. Det gör ont att se, men det gör ännu ondare när man inser att man, under hela denna tid, bara har lurat sig själv. För verkligheten av det som har hänt kommer inte att ändras, hur mycket man än försöker vrida och vända på historien.

26/4/19
En bearbetningsprocess.
Jag äger
min egen historia.
Inte du
inte han
inte de
Jag.

5/5/19
Röster
svävar runt
blandas ihop i
ett ständigt krig
mellan dem
och mig.
Ögon tätt hopknipna
försöker stänga dem ute
oljudet
hör du
hör du?
hör du!

6/5/19
Jag vet att jag borde söka hjälp, att nu kan jag inte hålla
ihop det längre. Men jag vågar inte. Jag har varit inlagd
på LPT ett antal gånger. Sällan har jag varit inlagd
enligt HSL då många menar att det inte är hjälpsamt att
lägga in folk med diagnosen borderline. Jag förklarar att
jag inte kan styra över mina tankar och mitt agerande
och jag har konstant återkommande röster som säger åt

mig att ta livet av mig. "Men du måste faktiskt våga leva," får jag som svar. Så jag går därifrån, känner mig inte alls validerad och har tappat hoppet om allt för inte ens mina behandlare tror att de kan hjälpa mig. Så vart ska en suicidal person vända sig som inte orkar ta fajten längre mot alla behandlare/läkare/skötare?

8/5/19

Hög suicidrisk. Patienten vägrar vidare psykiatrisk vård vilket hon är i behov av som suicidprevention. Bedömer patient vårdintygsmässig. Vårdintyg skrives och begär polishandräckning med överföring till S:t Görans.

Den sjätte maj händer något som jag inte trodde skulle hända igen, men någonstans brast allting för mig. Jag nådde min gräns. Mitt eget minne är otydligt från den här perioden, det är många minnesluckor och jag har försökt pussla ihop allting i efterhand, med hjälp av dagboksanteckningar, journalanteckningar och vad andra har återberättat för mig. På måndagskvällen tar jag en överdos av sömnmedicin och värktabletter. Det är tabletter jag har lyckats få tag på olagligt, på nätet. Samma sida som jag tidigare har köpt droger ifrån. Jag skriver ett avskedsbrev till min familj och sen minns jag inget mer från samma kväll. Enligt journalanteckningar har alltså ambulansen kommit hem till min lägenhet efter att någon hade larmat, jag blir förd till Södersjukhusets akutmottagning och läggs in på medicinska akutvårdsavdelningen. Under drygt två dagar är jag kvar på avdelningen, medvetandesänkt. Jag vet inte längre vad som händer. Min familj hade försökt få tag på mig, utan att lyckas, och polis hade blivit inkopplade vid ett tillfälle. Någon gång under tisdagen, efter att ha ringt runt till alla Stockholms sjukhus, får de reda på att jag ligger på Södersjukhuset, och de kommer och besöker mig. Jag minns inget utav det.

Det gör ont i mig nu i efterhand att tänka på hur oroliga min familj måste ha varit den dagen. Hur oroliga de måste vara dag in dag ut. På grund av mig. Jag förstår att suicid och självskadehandlingar kan verka själviska, men när jag agerar hinner jag inte tänka alls.

Läkaren skriver senare in i min journal: *Komplex psykiatrisk problematik med längre tids depressiva besvär, flertalet suicidförsök och självdestruktiva handlingar.*

10/5/19

Jag har lärt mig att jag har alldeles för höga krav på mig själv. Det visste jag visserligen innan, det är något jag burit med mig genom hela livet, men målbilden jag har av mig själv är en slags utopi. Omöjlig att nå upp till. För mig, för min syster, för vem som helst. Ingen människa kan vara 100% felfri, 100% självuppoffrande, 100% perfekt på alla plan. Det ingår i mänskligheten att misslyckas, att falla men sen resa sig upp igen och vandra vidare. Och det är det jag måste lära mig, att vara snällare mot mig själv. Jag måste lära mig att sätta upp realistiska mål, för att jag inte ska stå i vägen för mig själv. Annars kommer jag fortsätta sätta krokben på mig själv och därmed få det bevisat att jag visst är en misslyckad människa som inte förtjänar nånting gott här i världen. 100% god eller 100% ond, 100% lyckad eller 100% misslyckad. Vart finns balansen?

Jag har därför skapat mig en ny lista, en lista över mål som jag har för att jag ska kunna bli den personen jag vill vara:

1. Våga stå upp för mig själv
2. Bygga upp min integritet
3. Förmedla mina behov till andra
4. Kunna förlåta mig själv när jag gör fel…
5. …och kunna se mina egna begränsningar när det kommer till att hjälpa andra

15/5/20

Hela min kropp värker. Avsaknaden av det destruktiva gör nästan fysiskt ont. Jag saknar det som skadar mig. Jag saknar att bara kunna släppa allt och ge 100% till mitt mörker, men det är inte jag längre. De gav mig en ny diagnos idag som jag inte förstår. Tydligen ska jag få rätt hjälp nu och även fast jag inte vet om jag tror på deras ord hoppas jag verkligen att allt blir bra till slut.

Autism.

Efter en drygt åtta månader lång inläggning på den psykiatriska slutenvårdsavdelningen får jag återigen en ny diagnos, en förklaring på varför jag fungerar som jag gör. Atypisk autism står det numera i mina journaler. Efter min autismdiagnos har mycket förändrats i mitt liv. Jag har fått stöd som jag inte har kunnat erbjudas tidigare, så på det sättet är jag otroligt tacksam. Läkarna sa sig ha hittat svaret på gåtan, men jag minns hur upprörd jag var i början, när psykologen på Hagsätra försökte förklara allt för mig. Jag vägrade acceptera det. Jag skrek på min läkare, sa att de skulle göra om utredningen, att allt hade blivit fel. Att de hade gjort fel. Det är helt omöjligt att *jag* ska ha en neuropsykiatrisk funktionsnedsättning.

Jag har länge varit rädd för att få just en autismdiagnos, för jag har varit rädd för vad den innebär. Vem är ens jag, har jag haft en falsk bild av mig själv? Men jag inser att autismdiagnosen faktiskt inte förändrar någonting i vem jag är. Jag är fortfarande samma person som jag var igår och kommer att vara samma person imorgon. Visst innebär den här diagnosen vissa förändringar i mitt liv, men jag har inte förändrats. Den här diagnosen förändrar inte mig som person.

Sakta men säkert lär jag mig att acceptera mina diagnoser. De ger en förklaring till varför jag är som jag är, men de utgör inte hela mig. Jag tänker ofta på mina tankar och känslor, jag ifrågasätter mig själv och har stundvis svårt att lita på om det jag får en impuls till att göra är legitimt eller inte. Men jag lär mig varje dag. Den absolut viktigaste lärdomen jag kan ta med mig nu och in i morgondagen är självvalidering. Jag vet inte hur jag ska få det att fungera, men jag vet att jag inte är så hjälplös som jag själv kan tro ibland. Jag är inte slav under mina egna känslor eller impulser. En sjuksköterska sa en gång till mig att det är mitt ansvar vad jag väljer att göra, och även om jag inte gillade att höra det då, så är det något som ändå har fastnat i mitt medvetande. Ingen annan kommer någonsin kunna rädda mig, utan det är ett jobb som bara jag kan göra. Det här är en insikt som jag kommer behöva upprepa för mig själv gång på gång.

Jag är min egen hjälte.

När jag skriver om det här förstår jag inte hur jag orkade. Alla tvångsåtgärder jag har blivit utsatt för i slutenvården. Hur jag samlade ärr på min kropp, likt troféer. Tillslut blev det ett tvång. Ju större, ju bättre.

Många gånger frågar jag mig själv varför, varför gjorde jag allt detta. Jag undrar hur de här sjukdomarna egentligen fungerar, vad de göds av. Det handlar om en inre trasighet. En förstörd självbild och extrem osäkerhet i vem jag är. Jag var oförmögen att se något som helst värde i mig själv. Man brukar säga att ätstörningar suddar ut din identitet och begraver dig i ett enda stort mörker fullt av lögner. Men jag tror att jag redan var trasig innan ätstörningarna kom och fullständigt tog över mitt liv. De dolde något annat som låg mycket djupare inom mig. Det blir extra tydligt när mitt självskadebeteende utvecklas till något som inte ens jag kan styra. Jag fastnar i repetitiva mönster för att det är så min hjärna fungerar. Att ta kontroll över maten kan vara ett sätt att hantera depression, men ätstörningar i sin tur kommer i princip alltid tillsammans med ångest och nedstämdhet. Jag har länge undrat vad som är värst, ätstörningen eller depressionerna. Hur många gånger har jag inte haft den här diskussionen med mig själv? När jag får behandling för ätstörningen kommer depressionen upp till ytan, och när jag får hjälp med depressionen bubblar ätstörningen upp igen. Kanske är det en alltför väl integrerad försvarsmekanism som mitt undermedvetna har skapat, för att hålla mig kvar i det sjuka. Kanske handlar allt istället om en rädsla för att bli frisk, och en rädsla för de kraven som jag då kommer att sätta på mig själv.

Livet är en berg- och dalbana, men ibland önskar jag bara att dess riktning kunde vara konstant. Därför känns det mer lockande för mig att hela tiden befinna mig någonstans runt nollpunkten, i en rak linje, än att behöva uppleva alla toppar och dalar. För när alla yttre symtom försvinner lämnas jag kvar med grundproblemen, helt naken och exponerad. Mina sätt att hantera livet på är inte hållbara, istället förstärker de bara de övertygelser jag redan har om mig själv. Att jag inte klarar mig själv, att jag inte kan hantera livet och stressen vi utsätts för. På många sätt har min psykiska ohälsa varit som ett hål som jag har kunnat krypa tillbaka in i, varje gång då livet känns överväldigande. Det känns jobbigt att inse, men jag måste våga erkänna min verklighet om jag inte vill falla ännu längre ner i det hål som jag har öppnat upp.

Som alltid när jag pratar om psykisk ohälsa vill jag betona att det inte något man väljer, aldrig skulle jag välja att må dåligt och behöva gå igenom allt det som jag har gjort. Men en förändring kräver hårt jobb och där är det helt och hållet upp till mig själv. Jag har länge känt skuld och skam över att jag har blivit sjuk. Den glada, något blyga tjejen som har haft en hyfsat normal uppväxt med bra betyg och utan några större trauman. Hur kunde det hända mig?

Nu förstår jag också att det finns faktorer som har gjort mig extra sårbar. Att jag har varit extra känslig för stress, för kritik och för konflikter. Att jag hela livet har jobbat så hårt på att försöka passa in, smälta in i vilken umgängeskrets som helst, att jag inte ens känner mig själv som person. Därför är det ingen svaghet att ha en psykisk diagnos. Varför ska det vara skamligt att bli drabbad av en sjukdom? Jag har lärt mig den hårda vägen att dölja sina känslor för omgivningen aldrig leder till något positivt. Det blir för mycket att hantera och ens psyke orkar inte med. Psykisk ohälsa växer fram i det tysta, det är alla hemligheter som till slut dödar.

Jag vill tacka alla vänner, gamla såväl som nya. Jag vill tacka mina psykologer, behandlare, sjuksköterskor och läkare som jag har mött på vägen. Jag vill tacka min familj för att ni är de som alltid finns kvar. Och jag vill tacka sociala medier, för oavsett hur många debatter det finns angående huruvida sociala medier är bra eller inte så är det ett faktum att min sociala plattform är det som har möjliggjort det här projektet. För utan instagram, där jag först började dela mina texter, så hade jag aldrig fått idén att skriva om allt det här, och utan instagram hade jag aldrig vågat berätta om min resa för någon. Så tack.

Det här är min historia, naket, ärligt och ofiltrerat. Det finns delar av min historia som jag aldrig tidigare har berättat om för någon, och det finns ännu större delar som jag visserligen *har* delat men aldrig utan att försköna och alltid med glimten i ögat. Det finns många många delar som jag önskar inte fanns där, men vad hjälper det att älta över sånt som redan är förbi och inte längre går att ändra på. Allt det här kommer alltid att vara en del av min historia nu. Det är mina erfarenheter och upplevelser som har format mig till den person jag är. Och en dag kommer allt det jag nu skrivit om bara vara en del av mitt förflutna. Jag kommer alltid att minnas, men jag ska aldrig mer tillbaka.

Och till er som kämpar:
Jag förstår precis vad folk menar när de säger att de inte orkar längre, att det är för tufft att leva med perfektionism och känslan av att aldrig duga. Jag förstår precis hur det kan kännas lättare att ge upp innan man försökt, för att det då åtminstone inte är ens egen förmåga som det är fel på. Jag förstår allt det här, för jag har varit precis där. Jag *är* fortfarande där. Men idag har jag också en djupare insikt och jag vågar tänka ett steg längre. För jag förstår också vad mina behandlare menar när de säger att det är omöjligt och orättvist att leva med de kraven jag har på mig själv, och att jag egentligen förlorar så mycket mer när jag ger upp hoppet om mig själv. Jag har varit rädd att göra mina behandlare besvikna, att även om jag förbättras så vet jag att jag kommer att dippa igen, och det skulle radera alla mina tidigare framsteg. Men det är en resa, och jag förstår nu att min behandlare också förstår det. Att ingen kommer bli besviken på mig för att jag försöker ta hand om mig själv, och att det är något som tar tid, flera års tid. Däremot, om jag ger upp hoppet om mig själv och därmed sviker förtroendet mellan mig och dem, det är då jag gör andra besvikna. För med det förmedlar jag att jag inte litar på de som försöker finnas där för mig. Jag kan tänka att det vore så mycket bättre för alla andra att jag bara skulle upphöra att existera, så de slipper

bekymra sig över mig. Men jag har sett hur lidandet fortsätter, även om personen i fråga är borta. För när ett ljus släcks så släcks det förevigt, och det hålet som skapas kommer aldrig kunna fyllas med något annat. Det kommer att läka ihop, det kommer att bli mindre smärtsamt, men ihåligheten kommer alltid att finnas kvar. Och jag vill inte skapa ett hål som aldrig kan fyllas, lämna ett tomrum efter mig. Speciellt inte eftersom jag vet hur ont det gör, tomheten. Oavsett om jag vill det eller inte, så kommer mina handlingar att ge konsekvenser. Precis som vilken annan människa som helst. Ens existens är inget som går att markera, trycka ctrl+z och låtsas som att det aldrig har hänt.

Jag skriver det här för att påminna alla, och inte minst mig själv under mina mörkare perioder att, hur verkligt det än känns i stunden att det blir 100% bättre när jag är borta, så är det långt ifrån sanningen. Genom att försvinna sviker jag förtroendet mellan mig och mina nära och kära. Jag säger genom mina handlingar att jag inte litar på dem. Vi tror ofta att det inte finns någon som kan hjälpa oss, men ser vi inte de utsträckta händer som faktiskt också finns där? Om vi bara låter dem hjälpa. Det kan vara familj, vänner, det kan vara kontakter på psykiatrin, en behandlare, en sjuksköterska, en granne, en främling på stan, en kontakt på sociala medier. Det kommer alltid att finnas någon som tvingas leva med hålet som skapas när du försvinner. Och just den känslan är så mycket mer smärtsam än den smärtan du tror att du skapar genom din existens.

Ensam är inte stark. Du är inte ensam.